父母是孩子最好的榜样

FUMUSHIHAIZI
ZUIHAODEBANGYANG

汪园黔◎著

FUMUSHIHAIZIZUIHAODEBANGYANG

榜样的力量

中国财政经济出版社

图书在版编目（CIP）数据

父母是孩子最好的榜样 / 汪园黔著 .—北京：中国财政经济出版社，2014.5
ISBN 978 - 7 - 5095 - 5303 - 9

Ⅰ. ①父… Ⅱ. ①汪… Ⅲ. ①家庭教育 Ⅳ. ①G78

中国版本图书馆 CIP 数据核字（2014）第 068770 号

责任编辑：王彦浩　谢　飞　　　封面设计：异一设计
责任校对：甄　飞　　　　　　　版式设计：丁丁图文

中国财政经济出版社出版

URL：http://www.cfeph.cn

E - mail：cfeph@cfeph.cn

社址：北京市海淀区阜成路甲 28 号　邮政编码：100142

营销中心电话：010 - 88190406　北京财经书店电话：010 - 64033436

北京富生印刷厂印刷　各地新华书店经销

787 × 1092 毫米　16 开　14.5 印张　171 000 字

2014 年 6 月第 1 版　2014 年 6 月北京第 1 次印刷

定价：35.00 元

ISBN 978 - 7 - 5095 - 5303 - 9/G · 0138

（图书出现印装问题，本社负责调换）

本社质量投诉电话：010 - 88190744

反盗版举报热线：88190492　88190446

《父母是孩子最好的榜样》特邀顾问

何　萍	钟知法	谭慧达	俞智修	周智闻	卢智安
袁慧心	金慈念	鲍慧净	韩慧尚	黄爱梅	刘兆东
钟　涛	周刚毅	王智度	王慧悦	赵望窗	陈水根
邢素萍	陈修明	江先贵	沈国志	王立国	彭日升
林长喜	彭新元	吴军豹	周洁萍	姜　娜	彭　媛
季诚金	富　欣	李海燕	公凤英	刘　菲	孙　静
杨标青	靳东胜	曲淑文	晋力群	王贵宝	吴　凡
于俊奇	王秀丽	熊　磊	刘重华	熊家和	梁明春
邹金秀	邓永红	朱旭东	陈雪英	万凤妹	富筱宏

PREFACE

序　言

成就孩子的不是学校而是父母

近年来，随着人们对家庭教育的关注，越来越多的家长开始把家庭教育放在了教育的首位。对于孩子来说，家庭教育非常重要，因为成就孩子的，不是学校而是父母。

在孩子成长的不同阶段，父母都要“毫不吝啬”地给予鼓励和支持，这样才能为孩子营造良好的成长环境，这是保证孩子健康成长的前提，而健康的体魄和健全的心理又是成就孩子幸福未来的保证。

父母除了要用适当的方法表扬孩子，还需要学会巧妙地“批评”孩子，以免他们在成长过程中过于骄傲，从而养成一些不良的习惯和心态。

作为长期研究家庭教育的学者，我常对大家说：“教育要分清阶段，不能总说‘孩子还小’，不然他们真的长不大。”0～3岁、3～7岁、7～12岁、12岁以上的孩子，分别应该学会不同的技能，以保证他们能够逐步成长为德智体美劳全面发展的人，这也是所有父母的期望。正因如此，父母有必要为孩子树立榜样，通过榜样的力量引导孩子成长。

父母和孩子构成一个完整的家，孩子是父母爱情的结晶，所有父母都希望孩子健康、快乐地成长。父母想要孩子幸福，就需要朝幸福的方向努力，尽可能保持家庭和睦，让孩子在爱的浇灌下健康成长。

与其他家教类书籍不同，本书并没有用过多的篇幅讲述如何指导孩子学习，而是用充满温情的话语，将“爱”融入家庭教育中。父母要以身作则，起到典范作用，才能为孩子打造一个健康温馨的港湾。父母的性格和价值观，决定了孩子的性格和人生观、价值观。

研究表明，能够保持良好夫妻关系的家庭，成员的身心健康指数更高，孩子也更加聪慧和优秀。

“家庭”在人们的心中占有至关重要的位置，为自己和孩子创造“无后顾之忧”的生活氛围，是父母们的首要重任。家庭和谐离不开所有家庭成员的经营，良好的家庭气氛会令父母的事业畅达、孩子的学业顺利。家是责任的代名词，每位有责任感的父母，都会为了家庭的幸福而努力。父母做得好，孩子就能从中体会到做人的真谛。中华传统美德和代代相传的优良家风，就会通过父母的言传身教传承下去。

当然，想要让孩子拥有美好的未来，父母还需要注重孩子成长的方方面面，引导孩子用正确的态度对待生活和学习，思路对了，成长过程就会少走弯路。

本书包括四大部分，十个单元，首先讲述父母如何保持家庭的和谐，再说夫妻相处之道，进而探讨家庭幸福的“秘诀”，最终将着眼点落在孩子的教育问题上。

第一部分：从父母的价值观、道德观入手，帮助读者找到维持家庭和睦的方法。教父母学会倾听家庭成员的心声，端正对孩子的态度，通过完善自己的观念，引领孩子走向更广阔的天地。

第二部分：父母是家的创建者，要想让孩子健康成长，首先要保持和谐的夫妻关系。因此，找出影响夫妻关系的因素，并找到破解的方法，用正确的态度去面对和改善，才能建立真正和谐的家庭关系。

第三部分：父母的言传身教是孩子最好的老师，不论生活还是工作，父母都应做出表率，孩子才能领悟什么是“积极的态度”。这部分内容主要帮助父母了解走向成功的途径，让父母成为孩子的榜样。

第四部分：让父母了解孩子成长的几个阶段和每个阶段的主要任务，让父母掌握帮助孩子建立正确的世界观，并拥有健全人格的方法。值得一提的是，这个部分将家庭教育的若干重点一一列了出来，并阐述了解决和改善的方法，值得读者借鉴。

相信通过这几部分的阅读，读者能够以更好的心态面对生活中的挑战，并掌握更多家庭教育的“技巧”。

特别值得提出的是，本书的每一小节都通过案例，列举出家庭教育中常见的错误，防患于未然。通过阅读这些案例，相信父母可以掌握孩子在不同阶段的心理状态，并通过运用正确的方法，解决孩子在成长过程中的问题和困惑。本书还通过列举生活中的场景，深入浅出地分析，诠释具体案例，把家庭教育过程中可能出现的问题一一列举出来，让父母掌握更多的妙招，能够更好地应对教育过程中的问题，最终成为“家教高手”。

相信通过阅读本书，父母们就能掌握更多的家教技巧，营造和谐家庭，成为孩子最坚实的精神支柱。

祝愿父母们都能学会用最正确的方式表达爱，陪伴孩子健康成长。祝愿每一个家庭都幸福快乐、生活美满！也祝福每一位家长都能成为孩子心中的“好榜样”！

CONTENTS

目　录

PART 1
好父母决定孩子一生

第一章

想让孩子幸福成长，父母应该怎样做？

孩子幸福指数评估

相信很多家长都有过这样的想法：如今的孩子生活水平提高了，却少了自己在童年时得到过的快乐。

如今的孩子真的幸福吗？几乎所有父母都无法肯定地回答这个问题，因为“幸福”是一种细水长流的感觉。父母长期对孩子表现出什么样的关爱和教育，决定了孩子是否真的幸福。现实生活中，很多父母对“幸福”的理解过于片面，或是觉得为孩子提供优越的生活条件就是幸福，或是认为把孩子将来要走的路提前铺好就是幸福。父母都想将最好的东西给予孩子，但是所谓“最好的”，往往是父母的一厢情愿，可能孩子真正需要的，你并没有给予。

媒体上常出现对孩子幸福指数进行评估的报道，结果多半不容乐观，基于这样的事实，很多专家提出这样的疑问：父母缺乏幸福感，如何将幸福传递给孩子？

由此可见，家庭教育对孩子的性格培养至关重要，如果父母的关注点出现偏差，很可能会影响孩子的成长，所以说，幸福指数越高的孩子，父母的家庭教育水平也越高。

很多时候，父母并没有意识到自己的孩子是“不幸福”的，甚至自以为是地想：我已经尽力将最好的东西给他了，他应该很幸福。殊不知，孩子正在“痛苦”中备受煎熬，因为孩子的认知和感悟能力有限，所以父母们一定要及时了解他们的心理状况，以免在性格塑造的过程中出现不和谐的插曲，以至于影响孩子的发展，从这个角度讲，对孩子进行一次幸福指数的评估，就显得尤为重要了。

去年中旬，我参加了某位朋友组织的旅行，对其中一位小孩有很深刻的印象，他正在读小学五年级，是个调皮的小男孩，很显然，那次旅行让他非常兴奋，以至于旅途中常常手舞足蹈，欢呼雀跃。

然而有一次，我无意中看见他坐在小溪边发呆，这是我第一次见到他这样沉闷，于是走过去，与他攀谈起来，经过几天的接触，小家伙对我比较熟悉了，很愿意回答我的问题。

没过几分钟，我就将话题引向“家庭教育”方面，问道：“你觉得是在家里快活，还是在学校快活？”他想了一下，说：“我觉得在学校快活，我有很多哥们儿，老师也不会经常骂我，嗯……反正我就是觉得学校好，学校自由。”

我又问：“你的爸爸妈妈经常骂你吗？”他说：“我要是没好好写作业，考试成绩不好，或者说不想去上补习班，他们就会骂我，特别是爸爸，他有时候很凶，我有点……怕他。”小家伙在说最后两个字的时候，明显放低了声音，说明他很胆怯，我故作轻松：“你没必要怕他们呀，我知道，所有的爸爸妈妈都是爱孩子的，爸爸妈妈之间也会互相爱护，你一定有一个非常幸福的家庭，你应该觉得家里是最温暖的。”

小家伙茫然地看着我，好像我在说“天方夜谭”一样，见他不回答，我加问了一句：“你觉得自己幸福吗?”他想了想说：“好像幸福，好像不幸福。”我笑了：“我倒是第一次听见这样的答案，你为什么这么认为呢?”

小家伙说：“爸爸妈妈经常为一些事情吵架，吵完了都不管我。有一次，爸爸还让我去爷爷家，过了几天，他们又来接我了，但是我很害怕，我怕真的有一天，他们都不要我了。”

听到这里，我明显感觉到眼前这个孩子，心里充满了不安全感。孩子们都害怕自己被父母“抛弃”，都特别渴望一个稳定的家庭环境，当家里充斥着争吵、谩骂时，孩子就会觉得学校是唯一的港湾，这就是他更喜欢待在学校的原因。

见孩子低着头，我不禁想聊一些轻松的话题，于是问他：“在学校里，你最喜欢和谁玩?”我原以为他会一口报出对方的名字，没想到他居然有些支吾，我故作开玩笑地问：“喜欢和谁一起玩，还要想半天啊，莫非是你的小伙伴太多，你都快要数不过来了?”

小家伙并没有如我一样笑，而是小声地说：“没有很多特别要好的哥们，我喜欢和赵星星玩，但是我好像不是他最要好的哥们儿，所以我不知道怎么回答你。”

我又问：“你觉得他是最好的哥们儿，你对他够义气吗?”小家伙马上说了一大通，讲述了他们之间发生的事情。听得出来，小家伙和同学们相处得比较融洽，但是由于不知道如何表达情感，他和同学们很容易产生沟通上的障碍。这与他生活的家庭环境有关，孩子的父母常用责备的语言对待他，互相之间也经常指责，让他无法形成正确的沟通习惯，简单地说，他并不真的懂得如何表达感情。这样的孩子，如何能够体会到很多的幸福呢？

虽然只是一段简单的对话，却让我了解了这个孩子的“幸福指数”，说实话，评估结果并不理想。他的父母能够为他提供较优越的物质生活，却没有为他营造良好的心理环境，甚至父母间会经常用指责的语气责难彼此。对于孩子来说，他眼中的家是不和睦的，长久下去，他的安全感就大大降低了。还有，如果父母没有以身作则，用正确的方式对待家人、朋友、同事、陌生人等，孩子也无法用正确的方式对待身边的人。正如这个孩子，即便他喜欢与某位同学一起玩，也不知道如何表达友情。

一个人在未成年之前，能够感受到幸福，对他整个人生都存在不可或缺的意义。近年来，孩子的“幸福指数”受到越来越多的关注，而调查结果却不容乐观，作为父母，应当多关注孩子的性格发育和心理状况。

父母是孩子的第一任老师，也是成长过程中孩子最重要的老师，所以父母有责任为孩子营造温馨的家庭氛围，不要给孩子太多压力，尽可能多地鼓励孩子，夫妻之间要相亲相爱，相互理解，家庭成员之间要互相尊重。只有这样，才能为孩子的成长注入积极的因素，随之而来的，就是孩子“幸福指数”的提升。

父母行为测试

在家庭教育这个问题上，很多父母忽视了对自身行为的管束，很多人存在这样的心理：我的性格、行为、思维已经“定型”了，不存在改变的空间。实际上，每个人在不同阶段，都需要成长，不管大人还是小孩，如果你已经做了父母，不妨通过以身作则的良好示范，在孩子面前树立起榜样，父母的言传身教比任何教育都有用。

电视上曾放过这样一则广告：三四岁的孩子，透过门缝看到妈妈正在给奶奶洗脚，于是也打了一盆水，一边帮妈妈洗脚，一边给妈妈讲故事。

这则广告说明了父母的行为对孩子的成长有至关重要的作用，中国有句古话叫“上梁不正下梁歪”，如果父母在孩子面前暴露出很多缺点，难免会被他们学去，一旦形成不良习惯，会对孩子的一生产生负面影响。

例如：父母待人接物是否具有良好素质，能否尊重别人，理解他人，孩子就会仿效；反之，如果父母满身市井习气，孩子也很容易被沾染。

所以说，身为父母，不妨先审视自己的行为，观察是否存在需要改进的地方，如果有，马上进行调整，以免不良行为被孩子学去。

我曾对一些父母进行过集中测试，通过测试，发现了很多问题。

测试对象都具有代表性，有些人的孩子非常优秀，各方面发展均衡，性格也很阳光，善于同他人沟通；有些人的孩子性格比较孤僻，很少与人交流；有些人的孩子身上有不少坏习惯，性格缺陷比较明显……

我事先设计好几十道题目，让测试对象进行作答，全部都为选择题，通过设置具体场景，让他们选择如何处理具体问题，从 A 选项到 C 选项，分别为不一样的分数，最终分数越高的父母，行为能力越优秀。

其中有一道题是这样的：

你带孩子乘坐公交车，因为过于拥挤，司机允许乘客从后门上，他并不知道一共上来多少人，此时，你该如何做？

A. 主动付钱或是刷卡

B. 在其他乘客或是司机的督促下付钱

C. 能逃票就逃票

我在坐公交车的时候，看到不少父母，斥责主动投币的小孩，难道孩子的做法不对吗？所以我将这一题加入测试中，希望用生活里经常出现的场景进行检测，看看父母们的行为等级。

测试的内容并不难，要求父母们根据自己平时的行为习惯进行作答，不需要思考，只给他们很少的时间，就是为了测试出真实情况。

很快，我收到了所有的测试结果，并且将分数算了出来，再根据不同家庭的情况进行比较，结果并不出乎我的意料：但凡父母分数高的，孩子的综合素质也较高，同时，这些孩子的幸福指数也很高。

可见，父母的行为标准，在教育方面十分重要。孩子的模仿能力是最强的，如果父母常有高素质的表现，孩子很容易学会，反之，就会将负能量传递给他们。

很多时候，父母并不知道自己某些行为不妥当，孩子却更容易发现。有一次，我看到一位母亲将包装袋丢在地上，身边的孩子说："妈妈，老师讲垃圾要扔在垃圾箱里，随地乱丢是不对的。"这位母亲马上捡起来，并说："呀，对不起，妈妈疏忽了，我们一起把它丢到垃圾箱里去。"

这种做法是正确的，不仅帮助孩子养成好习惯，还培养他知错就改的行为能力，同时，她没有盲目用"父母权威"来打击孩子，而是采取了温和的处理方式，这对孩子的身心发展都有很大帮助。

若是换一种处理方法，父母可能会对孩子说："一边玩去，大人做事小孩不要插嘴。"这将对孩子的心理造成多大影响啊，久而久之，他们也会用这样的态度对待生活，对孩子的身心发展很不利。

对父母们的行为进行测试的目的，是为了让他们意识到，自己在日常生活中做得不恰当的地方，会给孩子带来负面影响，所以要及时纠正，争当孩子的"榜样"，而不是随心所欲，觉得自己是大人，行为就可以不受约束。

正因为孩子的世界相对单纯，所以身为父母，更需要通过纠正自身行为，帮助孩子提升综合素质。我常说："当父母对孩子的某些行为不满意，准备开口指责的时候，不妨先看看自己是否存在这类问题，如果有，一定要进行自我纠正，因为孩子会模仿。"

一般情况下，我都是先了解孩子的情况，然后再对他们的父母进行测试，结果通常是一致的。也就是说，父母是否做到"以身作则"，与孩子性格的培养关系密切。

此外，很多父母还存在这样的教育误区，和孩子面对面的时候，表现得比较温和、通情达理，与其他人在一起的时候，就露出"本性"了。这种做法不可取，会让孩子觉得你是个"两面派"。他们也会学着在不同人面前，表现出不一样的自己。从心理学角度说，当孩子看到自己最亲近的人，有这样的表现时，内心会更加不安，从而缺少稳定的感觉，同时让他们产生疑虑：我到底要用什么样的态度面对别人？

身为父母，应当意识到，认识世界是孩子成长过程中不可或缺的部分，他们会无时无刻地观察这个世界，所以父母必须保持正确的态度。例如，不管孩子在不在身边，保持夫妻之间的和睦非常重要。这样一来，温和的眼神和亲切的话语，就会在不经意间流露，更容易让孩子感受到家庭的温暖，同时令其学会如何与人相处。

由此看来，父母的行为习惯对孩子的行为能够起到决定性作用。如果父母能够经常审视自己的行为，尽量让自己“完美”，则更容易培养出优秀的孩子。从小接受良好家庭教育的孩子，会更加自信，性格也更加阳光。父母们应当意识到：真正的优越感，不是孩子从父母那里得到多少金钱，而是永远不变的关怀，和取之不尽的精神财富，这些对他们形成幸福感有很大帮助。

和谐是一种能力

人类身处的社会要和谐。一个国家、地区、个人也要和谐。若干的“小和谐”组成了社会的“大和谐”。同时，“大和谐”也促进了“小和谐”。可以说，和谐是社会与个人共同作用的结果。唯有和谐才能促进社会良性发展。所谓和谐即矛盾的统一，更是科学的发展观。2008 年，人民网在一篇论文中曾写道：“构建和谐社会，家庭和谐是最重要的基础。”

的确，在我与很多家庭接触后发现，越和谐的家庭，孩子越优秀，不仅体现在功课方面，心理健康指数也较高。对孩子来说，大部分安全感来自于家人，父母相亲相爱，孩子就会感受到更多家庭关怀，尤其对于正处在性格培养期的孩子，家应该是一座坚固的堡垒，有了爱的滋养，孩子才能得到良好的成长环境。

中国有句古话：家和万事兴。和谐的家庭气氛是美好生活的源泉，想要营造这样的氛围，需要家庭成员相互理解、关心，夫妻双方能够体谅彼此，孩子也会学着尊重别人。

然而，很多家庭都存在“不和谐因素”，这些因素导致夫妻间产生矛盾和隔阂，有些父母甚至将脾气发在孩子身上，对孩子造成伤害。

赵女士与丈夫王先生养育了一个儿子，由于王先生工作稳定，是大学老师，所以生子之后，赵女士便当起了全职太太。

起初，他们的生活平静而幸福。随着时间的推移，王先生的同事们纷纷升迁了，赵女士眼看丈夫还停留在原来的位置上，越想越着急，三天两头数落他，还逼着他托人找关系，这让王先生烦恼不已。

某天晚上，赵女士带着儿子赴完宴回到家，看见丈夫正坐在书房看书，马上走过去询问：“听说你们单位最近要提拔一批人，有你吗？”

王先生笑笑：“这次估计没有，没关系，下次还有机会。”

一听这样的回答，赵女士瞬间爆发了：“都三十好几的人了，就知道整天教书、看书，那些比你年轻的同事，个个升职当领导，你还是原地不动，今晚带儿子去吃饭，佳佳的爸爸又升职了……”她一口气说出一连串抱怨。

王先生觉得厌烦极了，妻子常常这样抱怨，自己在她看来就是一无是处的人，难道现在的生活不好吗？他想不通，干脆不想了，摔门而去……

赵女士见丈夫这个态度，更是气不打一处来，冲到隔壁房间，无缘无故把儿子教训了一顿，孩子哇哇大哭，吵着要去姥姥家……

这个场景在很多中国家庭中上演过。赵女士的出发点没有错，她希望丈夫更加努力，让家庭生活“更上一层楼”，却没有体谅对方的难处，也忘记了“知足常乐”的道理。

“和谐家庭”是经营出来的。生活中常起争执的夫妻，很难保持宽容的心态，这种性格会深深影响孩子，他们也就无法拥有“退一步海阔天空”的胸襟。夫妻从相识、相恋到结婚生子，一起经历酸甜苦辣，是彼此生命中最重要的部分之一。人们常把家比作温馨的港湾，家人便是自己最大的精神支柱，生活在同一屋檐下的夫妻，应当相互鼓励、扶持、关心、包容。对于孩子来说，父母的言传身教至关重要。

夫妻间磕磕碰碰很正常，但别把“拌嘴”升级成争吵，甚至家庭暴力。这不能维系你们的关系，反而会让感情出现裂痕，孩子对这种“裂痕”特别敏感，他们害怕爸爸妈妈不再爱对方，也不再爱自己了。

不妨用豁达的心接受对方的不完美，不完美才是真正的他（她），是你曾经选择的他（她），父母在宽容对方的时候，孩子的心里就悄悄建立起“宽容”的性格，这对促进家人之间的感情有很大帮助。

人们嘴上说着要“知足常乐”，心里却总爱拿自己拥有的与别人相比较，比工作、薪水、孩子的学业……结果便是自己的处处不如别人，所以生活中才出现了这么多抱怨、责备、谩骂。你是否想过，如果你的他（她），还有孩子，和“别人家的”一模一样，会出现什么情况？可能你们在相识的时候，都不会选择与对方恋爱，生活的琐碎可能让你忘记了，你爱慕的是“与众不同”的他（她）。

夫妻间争吵的事儿就这么多，只要把道理想明白了，自己也就不会再纠结。每个人存在于世界上，都是独立的个体，每个人都有优势和劣势，如果你能多看看对方的优势，抱怨就少了大半。让家庭和睦的重要途径，便是夫妻间能够相互欣赏，如果你对孩子说："爸爸是个了不起的人，可以设计出这么多精美的图纸。"孩子就能用赞美的眼光看爸爸，看别人，视父母为崇拜的偶像，视朋友为可靠的伙伴。反之，如果你常常抱怨对方这个不好，那个不好，孩子也容易形成抱怨的坏习惯，对他的成长不利。

维系家庭和睦的另一个要素，便是学会感恩。夫妻间相互关心、帮助，会令对方成为自己真正的"贵人"，家之所以温馨，是因为在自己无助的时候能得到理解和帮助，即便他是你每天都会看到的人。关怀彼此早已成为习惯，也要怀着一颗感恩的心面对这个让自己不再孤单的人，夫妻间的善待，会深深影响孩子，使他们从小产生感恩心理。

都说夫妻间的感情是经营出来的，想要保持和睦的家庭气氛，"适可而止"非常重要，夫妻间小小的任性能够增进情感，但要把握好"度"。例如，妻子希望丈夫能够为自己冲一杯咖啡，于是向他撒娇，丈夫便走进厨房，如果他情绪较好，妻子完全可以这么做。如果他今天的工作很不顺利，甚至在单位被领导批评了，妻子不妨主动帮他冲一杯咖啡，以缓解他的不良情绪。

可见，家庭的和睦离不开夫妻双方的努力，保持"和谐"也不是一朝一夕就能做到的，家学博大精深，需要不断体会和改进，当父母这样做的时候，孩子会用眼睛记录父母相亲相爱的点滴，爱的教育就从这里开始。

写下影响家庭和谐的事

常听人说："生活就是在磕磕碰碰中度过的。"也有人说："清官难断家务事。"想要让家庭保持和睦，确实不容易。有些"家庭战争"的起源，不过是一句话，或是某个举动，却可能造成不可收拾的后果。

从这个角度看，影响家庭和谐的事情实在太多了。正因为"家家有本难念的经"，所以我建议大家将"难念的经"写下来，看看到底哪些事情，成为家庭不和谐的原因，是否可以调整？

某次活动中，我找来十位学生的父母，年龄在35岁到45岁之间，任务只有一个：就是让他们写下影响家庭和谐的事情。

很快，我收到了所有人的答卷，然后按照顺序让他们跟我来隔壁办公室，讨论这些事情为什么会令人烦心，其中两位父母给我留下很深的印象。

第一位是在某公司任职的赵女士，丈夫也在本地工作，家有一子，我见她在纸上写道：孩子和丈夫不理解自己，孩子有严重的逆反心理，自己是急性子，丈夫是慢性子，婆婆老是帮着丈夫，孩子与自己"对着干"。

于是我问她："你平时与家人沟通吗？"赵女士："很少，我尝试着与他们沟通，但结果总是会吵起来，弄得不欢而散。"

我再问："你是不是总觉得自己是正确的？"接着，赵女士列出一连串理由，证明自己的想法是正确的，这在我意料之中，也正因为如此，她和家人之间产生了矛盾，我继续问道："难道你的家人，就一点都不在理吗？"

赵女士没有说话，后来通过沟通，她意识到：想要让家人理解自己，首先自己要理解他们。

第二位是王先生，他和妻子结婚 15 年，养育了一个儿子，刚刚上初中，我看到他在答卷上写道：妻子的脾气很坏，孩子性格内向，很难沟通；在教育孩子方面，自己和妻子的想法存在重大分歧。

我说："请先让我猜一下，是不是因为你和妻子的想法有很大不同，加上她脾气不好，孩子又不愿意同你们交流，所以比较容易产生家庭矛盾？"

王先生点点头："总结起来就是这样，妻子希望孩子将来有出息，所以要求我和她一起努力挣钱，同时还要省钱，目的就是为了以后能把孩子送到国外读书。但是我和孩子都不这样想，我觉得让孩子有一个快乐的童年很重要，我和妻子也需要轻松愉快的生活氛围。"

既然王先生已经将导致家庭不和谐的原因弄清楚了，我便给了他一些提示："妻子的脾气不好，有没有和她沟通过，或是告诉她，脾气好的女士，容颜会更加美丽？"王先生恍然大悟："这我没想到，回去就说说她。"

我再次提示："你和妻子经常争吵，肯定会令孩子充满不安全感，他不愿意同你们交流，是否是无声的抗议呢？"

王先生沉思了一会儿，说："我和妻子都太不了解孩子了，可能我们想给予他的东西，并不是他想要的，如果我们三个人能坐下来，心平气和地聊聊，我和妻子就会知道他的真实想法。"

赵女士和王先生是许多人的"典型代表"，人人都想要保持家庭和谐，却很少有人想到过，将导致家庭不和谐的因素写下来，思路就会清晰很多。

从心理学角度说，没有将问题写下来之前，你是处于逃避状态的，思维也比较混乱，一直到写下来，你才算真正直面问题，焦虑和犹豫才会减少，同时想着尽快解决问题。

这是一个良好的开始，不妨让家人也把心中的想法写下来，查看结果的时候，你可能会发现，大家共同意识到，某些事情影响了家庭和谐，可以先针对这些问题进行沟通，“趁热打铁”地想出解决办法。这个过程中，你与家人之间会逐渐形成默契，再去解决其他问题，就容易多了。

可见，将“影响家庭和谐的事情”写下来，是改善家庭关系的重要步骤，正因为每个家庭都有可能出现“不和谐的声音”，所以需要通过此种办法，帮助你找出问题的根源，而你的最终目的，是通过解决这些问题，让家庭生活变得和睦。

好父母不能“一本书看到老”

在我接触的家庭中，大多数人都是第一次当父母，育儿经验多半来自于长辈，甚至很多家庭基本由祖辈看管孩子，造成教育方式无法与时俱进，总是用“老眼光”对待孩子，容易造成他们的性格缺陷，影响孩子的一生。

还有些家庭确实由父母教育孩子，并且父母了解一些教育常识，但是忽略了及时更新相关方面的知识，同样令教育陷入困境。我们所处的环境，每天都在发生变化，若不能以变化的眼光和态度面对“教育问题”，很难培养出优秀的下一代。可见，“一本书看到老”的父母，教育方式会渐渐落后，最终牵绊了孩子的脚步。

对于处在性格发育期的孩子来说，父母的引导关系到他们的性格形成，我给父母们的建议是：注意观察孩子的兴趣爱好、对事物的态度等方面的变化，适当调整教育方式，目的是为了营造温馨的成长环境。从父母的角度说，针对不同时期，孩子所表现出来的不同状态，让他们多关注有意义的事情，并“修补”性格短板是非常重要的。在我看来，这同样是个不错的机会，孩子的性格弱势，可能会以不同的表现方式呈现，父母只有了解了这一点，意识到孩子某种表现背后的“深层次含义”，才能以此为教育点，让他们得到更多领悟。

某次，我去朋友家做客，当聊到孩子的时候，夫妻俩不约而同地皱了下眉，都表示：孩子年纪越大，教育越成了大问题，怎么说他都不听。接着，太太将孩子的缺点一一列出，我听得耳朵发麻，总之，他们的孩子，哪哪都不好！

当我将这些问题梳理后发现，夫妻俩对孩子的数落，并不是样样在理，有些做法甚至像对待七八岁的孩子，而不是将近 14 岁的少年。

我问道：“孩子已经上初中了，他有朋友，也应该有自己的小天地，作为父母，事事都管得太细，是不是不合适？”

朋友说：“我曾经看过一本书，上面就说，成长发育阶段的孩子，心理环境也在不断发生变化，所以要特别留心，稍有差池，就可能对他们的未来产生负面影响。我一直用这样的方式对待孩子，小时候还好，现在变得越来越不听我们的了。”

我继续问：“那应该是你们很久之前看过的书吧。”

太太说：“对，是我们的孩子刚上小学的时候，朋友推荐的。”

难怪！我在心里惊叹道，孩子已经处在青春期，他们还在用“老办法”进行教育，怪不得孩子会反感。

我对他们说：“我在从事家庭教育研究的过程中，接触到很多父母，其中就有存在与你们类似心理的人。大家都是因为曾经读过某本书，或是听从了某个人的建议，认为用某种方式对待孩子最好，所以一直用着，长时间不改变。然而，你们没有意识到，孩子不断长大，他们的心里会有越来越多的事情，感知世界的过程也更加全面和透彻，如果还是用之前的方法教育孩子，就容易起相反的效果，封锁孩子认识世界的通道。”

我见夫妻俩听得“云里雾里”，便举出典型事例：“比方说，之前都是你们带着孩子去结交朋友，多数对象为大人，而非小孩，就算因此认识了同龄的小伙伴，孩子们还是在父母的庇护下，并不清楚如何独立与朋友相处。随着年纪的增大，孩子会不断地自主结交朋友，他要学会在没有父母的情况下，与朋友沟通，这对孩子的一生有重要意义。如果父母总是因此问东问西，孩子就会觉得厌烦，不妨多放手一些，让他自己去处理和朋友之间的事情，而不是像小时候那样，全部由父母代为处理。这不仅是保护孩子自尊心的做法，同时也能够培养他们独立处理事情的能力。”

朋友马上反驳我：“作为孩子的监护人，难道不应该多关心他交往了哪些朋友吗？”

“这也是那本书上告诉你的？”

“是的，书上说，未成年人的识别能力较弱，他根本不清楚自己在与什么类型的朋友交往，如果父母不加以干涉，孩子很可能会因此误入歧途。”

我笑道：“你未免也说得太恐怖了，这方面问题确实存在，也值得父母关注，但是要对孩子的年龄段进行分类，这是最新研究成果。你看的那本书上却没有提及，说明那时候，还没有意识到这一点，或是没有对此进行细分，对待上小学和上中学的孩子，教育方法能一样吗？答案显然是否定的，所以说，父母要用变化的眼光看待教育这个问题，不要做‘一本书看到老’的父母，这样不容易教育出优秀的孩子。”

接着，我又针对这方面问题，和朋友进行了讨论，慢慢地，他们能接受我的想法了。之后他们便逐渐改变自己的教育方式，开始关注孩子在不同阶段的心理需求，调整原先的方式，夫妻俩同孩子的关系缓和了很多，家庭氛围也好了不少。

很多父母都认为可以一直用同样的方式教育孩子，这种观点是错误的。因为教育是个互动的过程，成长的不仅仅是孩子，还有父母，如果你总是停留在原地，就会落后于孩子的步伐，也就很难做到家庭和谐。

我曾说过一个形象的比喻：父母给孩子织了一件衣服，刚织好的时候，孩子正合身，当孩子慢慢长大，这件衣服就会束缚他们。

家庭教育同样如此，它既是孩子健康成长过程中不可或缺的部分，也要根据孩子的实际情况，及时进行调整。说到底，这与父母的观念有密切联系，有些人习惯从自己的角度看待教育，即使孩子对此表示“抗议”，也照样“一本书读到老”；有些人会从孩子的角度看待事情，从而真切地了解他们的真正需求。教育不仅仅是让孩子跟着父母的脚步走，在适当的时候，也需要父母“跟随”孩子的脚步，家庭成员的步调才会一致。

这个过程中，孩子的表达方式可能会导致父母走进“误区”，就像你们让孩子穿了一件不合身的衣服，孩子的第一反应肯定是“不愿意穿”，很少会说出由于什么原因不愿意穿，家庭教育亦是如此。当父母用不恰当的方式对待孩子，他们一定会以各种方式“反抗”，有些小孩会瞒着父母做某些事情；有些小孩会和父母大吵大闹；有些小孩总是和父母“对着干”……当遇到这些情况的时候，身为监护人的父母，应当想到是不是自己的教育方式没有“跟上节奏”。

我听到很多父母说：“我又不是没经历过童年、少年，我小时候可不像他这样。”

这时候，我都会反驳他们：“你们小时候有电脑吗？有点读机吗？需要上这么多兴趣班吗？”

他们生活的环境，与各位父母的成长环境大相径庭。随着大众对教育的关注，有越来越多的学者，对家庭教育进行深入研究，不妨多听听专家的建议，并且参考最近出版的教育类书籍，多花点时间陪伴孩子，带他们参加各类集体活动。

此外，优秀的父母都会尽量走进孩子的世界，在适当的时间里，与孩子“称兄道弟”，才能进行优质沟通。而这些，都会令父母更加深入地了解孩子。这时候，你们就会知道孩子最需要的关爱是什么，因为在不同时期，孩子的情感需求是会发生变化的，避免了“一本书读到老”的情况。

改变影响家庭和谐的三种心态

人人都期盼拥有幸福和睦的家庭，有时候却事与愿违，生活中总存在不和谐因素，时常让人心烦意乱，你是否意识到，自己便是造成这些因素的“罪魁祸首”，因为你的负面情绪，让家庭生活陷入争执、冷战，不仅影响夫妻关系，还会让孩子产生不安全感，甚至影响他们的一生。

某次，我结识了在某企业工作的张女士，虽然已经年过三十，却还是单身。她说，小时候总见到父母争吵，也时常听到他们拿“离婚”说事儿，让她觉得很害怕，所以对婚姻充满恐惧，以至于到现在还孤身一人。

可见，一个人生长的家庭环境，会影响他的性格，尤其是正处于性格发育期的孩子，他们会从父母的经历中，揣测自己将来可能要走的路。这时候，父母要尽量营造良好的生活氛围。

对于夫妻双方来说，想要以轻松的心情面对生活中的各种压力，就必须保持良好的心态，这也是维系家庭和睦的基础，因为正能量是提升生活质量的最佳保证。

我与他人交流的过程中，发现了一些导致家庭不和谐的因素，总结起来看，主要是以下几类：

第一，不知足。

第二，不换位思考。

第三，不信任。

常言道：知足常乐。很多人却纠结于生活中的点点滴滴，最终家庭被负面情绪笼罩，这类想法的根源，在于将日子过给别人看了，你越纠结自己的薪水，越无法安心工作；你越纠结孩子的成绩，越不能为他营造轻松的学习氛围，人生短短数十载，为什么不让自己生活得开心一点呢？要知道“天外有天，楼外有楼，人比人，气死人”，“别人家的”终究是你想象出来的形象，所以没必要处处与他人比较，世界上不存在完美的人，不妨用宽容的心对待家人，孩子也会从中领悟人生真谛，多把目光放在对方的优点上，就容易有好心态了。

某天，王女士巧遇张女士，王女士惊叹：“你我同岁，看上去却比我年轻十来岁！”然后问及对方家庭情况，她怪声怪气地说：“原来你是个不用操心的主儿，丈夫有上进心，孩子懂事优秀，不像我，整天为家里的爷俩头疼。”

张女士说：“瞧，你又开始纠结了，我的丈夫也有很多缺点，孩子时常很淘气，但是并不代表他们没有优点，与其盯着家人的缺点，让自己闹心，不如多想想他们的优点，让自己暖心，时间久了，你同样会有好状态。”

想要令家庭和睦，光有知足的心态远远不够，还必须学会换位思考。不论是对待另一半还是孩子，都要从对方的角度出发，设身处地为他们着想，才能做到互相理解，才有助于平衡心态。

俗话说：“横看成岭侧成峰”，人的心境与他对待世界的态度息息相关。很多男士认为：老婆太唠叨；很多女士觉得：丈夫过于懒散，事事都要自己操心；孩子认为：父母就像把自己关在“牢狱”中一样，恨不得时刻要求自己读书上进；父母认为：自己是为孩子好……

当所有人都能换位思考之后，就会理解对方的良苦用心，老婆这么做，不是为了整个家吗？丈夫有些粗线条，也是人之常情；孩子爱玩是天性，更何况他们也需要属于自己的“小天地”；父母在自己身上寄予厚望，同样需要理解……

家庭生活中，你首先要处理好与另一半的关系，然后才能更好地与孩子相处，所以说，你要站到另一半的角度上，去理解他（她），关心他（她），“换位思考”才能取得成效。

从心理学角度说，不论男女，最希望依靠的人是另一半，而不是孩子。尽管很多人在教育孩子上花费巨大精力，但在每个人心中，另一半的分量是不容替代的，所以当夫妻双方能够做到“换位思考”时，家庭氛围就会缓和很多。此时，你再去理解孩子，就比之前容易得多，而孩子同样会在此影响下，去理解父母，这是一个循序渐进的过程。

还有，家人之间的信任也十分重要，夫妻间不信任，会增加争吵、夜不归宿等不良现象的概率，父母“不信任”孩子，就有可能做出“侵犯”他们隐私的事情，因为在不少中国父母看来，孩子是没有隐私可言的。

这些情况都会打破家庭和睦的局面，不如充分信任家人，既然决定与另一半共度余生，就应当给予对方适当的空间，并且无条件支持他；既然决定把孩子培养成优秀的人，就应该充分相信他，这样才能培养他们自信的品质。说到底，你越信任家人，他们越愿意向你吐露心扉，家庭气氛也就更加和谐。

信任就是要给对方空间，让他们独自处理某些事情，或是在自己的“专属领地”中遐想、怀念或是疗伤。这样一来，彼此会更加相爱，因为这种环境让人感到轻松和愉悦，反之，就会令家庭关系备受束缚，既影响夫妻关系，又影响亲子关系。

知足、理解和信任，是改善家庭关系的重要因素，做到这三点，你的心态就比较好了。事实上，做好它们着实不容易，这需要你不断调整自己的人生观，为另一半和孩子，打造最温馨的“港湾”。

知足的人，能够以宽容的心对待别人。一家人生活在一起，难免会有磕磕碰碰的事情发生，不妨用豁达的态度面对这些，不要纠结于细节，应该多看看好的方面，大家才能保持心情舒畅。

某次，一位母亲加班归来，看到儿子正在草丛里玩耍，身上沾满泥巴，儿子看到母亲，马上跑过去，正巧一个电话进来，我隐约听到她说：“我家儿子又在勇敢地冲锋陷阵呢，他经常这样锻炼身体挺好的。”这位母亲没有责怪孩子弄脏了衣服，而是看到了积极的一面，让母子关系非常融洽，因为我看到男孩正在同她有说有笑。

可见，宽容是让家庭关系融洽的“润滑剂”，时间久了，你便会感受到“知足”带来的快乐，与其让爱充满压力，不妨为自己和家人减负。我听到很多父母说：“给孩子加压的目的，是希望他们将来有好的前途，他为什么不理解我呢?”

适当给家人施加压力，是一种有效的激励手段，但凡事都要讲求“度”，正因为个体存在差异，所以不能过于“逼迫”，不论面对另一半还是孩子，都要做到适可而止。虽然你是在表达爱意，但如果没有把握好“度”，同样会伤害家人。

表达爱的方式有很多，但必须选择对方能够接受的方式，想要做到这一点，得从对方的角度出发，充分理解对方，多为对方着想，而不是一味催促或是责备，这样会引起家庭矛盾的升级，影响家庭和睦。

说到信任，你一定要从心底相信自己选择的人。当你真正信任他们的时候，心情就会变得无比轻松，当家庭被这种氛围笼罩，就能呈现和谐的一幕。

综上所述，心态决定了一个人的人生观。不论男女，都应当做“知足常乐”的人，不要对家人过分苛求，而是站在对方的角度，去理解和包容对方，充分信任家人，家庭生活便会充满快乐。值得一提的是，等到你调整好心态后发现，孩子似乎比之前更加优秀，别忘了，他也是构成家庭关系的重要部分，你的良好心态也在影响着他，最终令其终身受益。

给自己、爱人和孩子各写一封信

在每个人心里，都隐藏着很多想对家人说的话，出于种种原因，无法用语言甚至行动表达。这时候，不妨给他们分别写一封信，让家人了解你的所想，从中感悟出浓浓的爱意，令家庭更加和睦。

作为家庭中不可或缺的一员，自己从家庭中感受到怎样的爱？获得过多少鼓励与支持？在家庭生活中，自己还有哪些地方做得不够好？都能够成为你给自己写一封信的缘由，有什么想对自己说的，都可以写出来，那时候，你才可能发现自己真实的内心世界。

某次课程结束后，我给学员布置了一道“家庭作业”：分别给自己、爱人、孩子写一封信，等到第二天，我会邀请他们在大家面前读出信的内容。

第二天的课程对他们来说，是直面“温情”的。因为所有人，都将最真实的感情灌注在信中，甚至有些学员一边流泪一边读，可想他们在写的时候，脑海中也回忆起过往生活的点滴。

在给自己的信中，他们多半写到这两部分内容：家人对自己的关心很多而自己的付出太少，对家人心存歉疚；也有少数人，会在信中解读自己的某些行为或是决定，希望得到家人的理解。

给爱人的信中，有一部分人会讲述他们相识相恋的“经典故事”，但是更多人会直面家庭生活中的矛盾和纠结点，写信与口头交流最大的不同，是写信会引发人们的冷静思考，更容易用理性的眼光看待问题，有利于全面、正确地表达情感。

在给孩子写信的时候，自己的身份是父母，内容中既有感动，也包含着深深的期望。作为独生子女的父母，与孩子相处的过程，也是自我成长的过程，正因为囊括了这一层含义，这封信拉近了父母与孩子的距离。

可见，这些不是普通的信件，其中穿插了无数种很难用言语表达出来的感情。通过这种特殊的表达方式，将情感和思绪“分类”整理好，逐一呈现在家人面前，这种更为直接的表达，能够令情感的作用加倍，加深家人之间的感情。

有些人认为，写这类信件，全凭自己的主观想法，想到什么就写什么，事实并非如此。它同样需要一定“技巧”，这些技巧有助于你更加充分地表达感情，也可将这些信件的作用发挥到极致。

这类信件中，只有小部分篇幅会写到某些具体事情，大部分内容，是对过往生活的总结。某段时间里，你被谁、被哪些事情感动了？你的内心想法是什么？可以统统写进来，这些都会在第一时间激起家人的共鸣。

不要觉得给自己写信与家人无关，你始终生活在他们的关心和鼓励下，所以要时刻将他们记挂在心，如果你做到这一点，会从信中表现出来。

例如，你希望自己做个尽责的人，对家人负责，关心爱人工作、心情，关注孩子的成长；或是今后要少发脾气，不能因为生活中鸡毛蒜皮的小事，便和爱人“拌嘴”；对孩子的教育要更加耐心……

你看，不论你对自己说什么，总和家人分不开，而这些信，更让你感受到与爱人、孩子的真挚感情，所以说，用写信的方式，会让情感在某个时间段里得到升华。

平日里，可能有很多话想对爱人和孩子说，却往往因为“羞于开口”，或是没有适当的环境，让它们一直隐藏在心里。写信的时候，你首先要营造出饱含温情的氛围，这时候，笔端才会流畅地写出心中所想。

有人在给爱人写信的时候，总是说自己哪里做得不好、对家庭亏欠太多等，这的确是他们急于想表达的东西，但不要成为这封信的“主线”，因为对方更愿意感受“正能量”，听到你的感动、理解和承诺。

例如，你可以告诉爱人，在过往的生活中，自己有哪些地方做得不够好，今后会改进。这才是增加家庭和睦气氛的重要办法，而不是一味“认错”，这是无法解决实际问题的。

写给爱人的信，可能不会“难倒”大部分人，写给孩子的信，却有可能让很多人“无法下笔”。尤其对于年轻的父母，正因为深感肩上的责任重大，所以会在准备写信的刹那，出现下笔无语的情况。

有人说：“虽然孩子正经历着自己曾经经历的年龄段，但是由于时代的发展，他们与自己在同一年纪感受到的东西有很大区别。”

我想说的是：即便社会以日新月异的速度发展，但每个人所经历的阶段还是大体相同的，并且所要学习和感悟的东西，也没有很大区别，虽然形式不同，本质却一样。身为父母，没有必要对此有太多顾虑。

写这样一封信，很多人会回忆与孩子相处的过程，并告诉孩子：你懂事了！这是一件令人欣慰的事情，同时也是让父母引以为傲的事情。这封信中，同时包含了很多期许，希望孩子成为优秀的人，拥有健康的身体和心理，拥有强大的内心。

当然，短短的几封信，并不能表达对自己、爱人和孩子的全部想法和感情，但这是一个良好的开端，也是对一段时间里心中思绪的“总结”。过去的都会成为回忆和精神财富，未来的生活正在拉开序幕，想要保持家庭和睦，就需要在所有成员们的共同努力下，维系好这份浓浓的感情，令自己、爱人、孩子都受益匪浅。

第二章

孩子道德品质如何，首要责任在父母

什么是道德？

道德是一种社会意识形态，规范着所有人的行为，是人们共同的行为准则。

一个拥有良好道德的人，会受到别人的尊重，道德是衡量一个人优秀与否的重要杠杆。然而，道德不是一天两天就能形成的，需要从小积累，长大后才会一生受益。

父母永远是孩子最重要的"模仿对象"，人们经常说："这个小孩很有家教。"说的便是行为道德，孩子做得好，他的父母在此方面也一定做得好。

某次，我参加了一个活动，和朋友说起"传家宝"这个话题，朋友非常感慨："我认为我的母亲，已经将最珍贵的宝贝传给我了。"

在他出生前，父亲就去世了，家境很贫寒，母亲拉扯大三个孩子。他说，自己是最幸福的，因为有哥哥、姐姐、母亲的照顾，虽然很穷，但童年的生活却令他永生难忘。

母亲不仅要照顾三个孩子，还得孝顺年迈多病的外公、外婆、奶奶。她每天很早就起来做饭，晚上还为老人们洗脚，每次发了工资，也先给老人们买点营养品，再为孩子置办点东西。即便所有人好几年都穿不了新衣服，但家人的衣服总是干干净净。

朋友说："有一次，同学请我吃饼干，在那个时候，饼干对我来说是特别美味的，回家后，我告诉了母亲，她马上去买了一小袋点心，也让我请同学吃。"

后来，三兄弟参加了工作，也有不错的发展，成家后，小家庭也非常和睦，整个家族其乐融融，令朋友们都非常羡慕。

我特别赞成他说的那句话，母亲已经将最重要的传家宝给了他们，也正因为这样，他们才能各自有所建树，家庭和睦。

父母给孩子金山、银山，孩子们总有一天会花光用完，而将优秀的道德传给他们，却会成为他们一辈子取之不尽用之不竭的财富。

"道德"从何而来？父母一定要告诉孩子，如何做才会受到别人的尊重。与之相比，更重要的是言传身教，中国有句古话，"上梁不正下梁歪"，你做得不好，就别责怪孩子，因为他是在学你。

是否具备良好的道德，会从点点滴滴的小事中看出来。某个席间，我看到一个小孩走到桌边，对长辈说："谢谢您做了这么多菜。"我在惊讶之余，非常感动。因为很少有孩子会在饭前说这类感恩的话，虽然是个不起眼的举动，却反映出孩子懂得感恩，这与父母的教育不无关系。

人的所有行为都会受到思维的控制，外人能够从一个人的言行中，看出他是否具备良好的道德，它深藏于心中，并美化你的言行，所以说，让孩子从小具备良好道德是非常重要的。

有些父母认为：孩子在学校，同样会受到道德教育，为什么总说家庭教育对这方面的培养更加重要呢？

确实，学校的老师会通过各种方式，告诉孩子应当如何规范自己的言行，但效果远没有家庭教育来得显著，因为后者在进行教育的同时，会将爱传递下去，而爱正是激发智慧的重要因素，这点值得父母们关注。

道德与人们的生活息息相关。生活中不外乎这两件事情：做人和做事，两者有非常紧密的联系，“人”做不好，“事”肯定做不好，反之亦然。与法律不同的是，道德是人们内心对自己的约束，简单地说，谁的控制力越好，道德水准就越高。能做到这一点的人，肯定会严格要求自己，这样一来，就能做好“人”和“事”了。

对于孩子来说，在年纪尚幼的时候，并不能完全理解什么是道德，甚至很多父母也无法直白地解释清楚，这都不要紧，你可以从最简单的开始教他们：讲信用、懂礼貌、尊重别人、孝敬长辈，等等。渐渐地，这些行为都会成为他们身上的好习惯，令孩子终身受益。

既然说道德是存在于人们内心深处的东西，父母们就要引导孩子去认识和理解它。通过各种教育方式，让他们学会约束自己的言行，并且懂得什么是对的，什么是错的，这样一来，孩子更容易具备优秀的道德。

总而言之，想要让孩子成为具备优秀道德的人，父母们首先要在此方面有明确的认识，你做得越好，孩子越能接受好的教育，因为他们的成长是从“模仿”开始的。所以说，以身作则的父母更容易教育出优秀的孩子。

恭、宽、信、敏、惠，你做到了吗?

中国著名思想家孔子提出，“恭、宽、信、敏、惠”是非常重要的处事原则，能够让人们理解什么是仁爱，更好地处理人与人之间的关系。在数千年后的今天，儒家学派的很多道理，同样值得人们学习和借鉴。

对于这五个字，很多人并不能充分理解其中的含义，我不妨先对此做个解释，帮助你更好地规范自己的行为。

恭：说的是要以恭敬的态度面对别人。孔子说，你尊重别人，就不会招致羞辱，也就是我们现在所说的“不打笑脸人”。

很多父母教育孩子要做一个懂礼貌的人，当有孩子微笑着称呼你“叔叔好”、“阿姨好”时，你一定会心情大好，并觉得这是个很有家教的孩子。

做到这一点并不难，不论大人还是小孩，大多会习惯性地在看到熟人的情况下主动打招呼，但是做到发自内心的恭敬却不容易，“仁爱”就更难了。

如今，动不动就会看到有人发脾气，他们总是说：“没办法，我天生脾气不好。”实际上，当一个人从内心深处对他人表示恭敬的时候，发脾气的次数就会减少。

很多父母会对着孩子发脾气，原因是觉得他们太淘气了，这时候，不妨想想孩子可爱的一面，只有当眼中充满美好的东西，内心才会平静。处理问题的方式有很多，与其用粗暴的方式对待，不如耐心告诉孩子，他应当如何做。

宽：说的是做人要有豁达的胸襟，才能天宽地宽。不要觉得理解别人就做到了“宽”，实际上，它比你想象中要难得多。

人们都希望在众人面前有“好口碑”，能够结交更多朋友，那就必须学会包容。由于个体的差异，每个人都有优势和劣势，想法经常会不同，要学会从别人的角度出发，了解别人为什么会这样想，这样就能避免很多摩擦的发生。

包容是夫妻间最重要的相处之道，做不到这一点，生活就会充斥着争吵。相恋初期，一切都是新鲜而美好的，当两个人相处的时间渐长，就会发现对方的很多缺点，结婚生子后，夫妻双方被家庭琐事包围，更容易因此产生矛盾，如果一方缺少包容心，婚姻就很难持续下去。

所以说，“宽”能够令你有更广阔的胸怀，才能与另一半相处融洽，促进家庭和谐，在这种环境下成长的孩子，心理会更加健全。

信：说的是要信守承诺，才能赢得人心，为人诚信的人，会有很多意想不到的收获。

信誉是非常重要的品德，是一个人能够在社会上立足的根本。我曾对父母们说：“在关注孩子的学习能力之前，先关注他的道德，而底线便是要求他们做诚信的人。”

试想，如果一个人失去了诚信，即便他才高八斗、学富五车又如何，还是没有人会和他交往，也没有单位会任用他，所以说，“信”是最基本的品德。

敏：人们在做到“信”之后，还要做到“敏”，不论做任何事情，都要发挥聪明才智，并且保持敏捷的行动力。孔子说过：敏则有功。

大多数人想要创建自己的事业，成功者却寥寥无几，有些人只是空想，并没有付出实际行动；有些人总是蛮干，没有花心思做事，最终都只成为平庸的人。

决定一个人成功与否的重要因素是思维方式，正所谓“思路决定出路”，做事前先想好，如何做，才能达到事半功倍的效果，然后细致地进行规划，再一步步完成，这样一来，效果会比蛮干好很多。

很多父母担忧：自己就是平庸的人，没什么好的思路，如何教育孩子呢？

实际上，思维方式在不同年龄段，都是可以改变的，关键在于你对待事物的态度。如果你想好好完成这件事，做得漂漂亮亮的，就会绞尽脑汁地想，我应该做些什么，加之遵循一定的科学方法，就会看到不一样的效果，时间久了，便形成了更加优秀的思维。

从小培养孩子形成高效思维方式非常重要，这不仅是一个良好的习惯，同时也会促进他们的学习成绩，为将来的发展打好基础。

我们无法让时间倒流，却可以从今天起就把握人生，“敏”要求人们活在当下，不论大人还是小孩子，都必须做到“今日事今日毕”，只有这样才有可能在有限的时间内，做出更多成绩。

惠：说的是人人都要保持恩惠的心，做到宽以待人，正所谓“惠则足以使人”。谁都想得到更多资源，于是展开了激烈的“争夺战”，在你争我抢之后，却发现最终得到的东西，远没有想象中那么多。而有一种人，不需要你争我抢就得到了自己想要的东西，他们深悟“惠”的含义，时刻抱有恩惠之心。

现如今，很多家庭都是独生子女，缺乏合作意识，习惯以自己为中心，身为父母，应当培养他们学会和别人分享，只有学会合作，才能有更多收获。

某次课间，一位学员表示，很想培养孩子的团队合作能力，但是家里就一个小孩，加之爷爷奶奶又非常宠爱，所以很难体会合作的快乐，问我应该怎么办？

我是这样回答的："家庭本身就是一个集体，你和爱人、孩子就是一个团队，可以多参加一些亲子活动，在这个过程中，父母不能过分谦让孩子，要鼓励孩子去思考，让他制定出最好的方案，然后由一家三口合作完成，从而形成合作的氛围。"

这位学员觉得很有道理，回到家后，便尝试着这样做，一段时间后，她说："您的方法很有效，孩子会主动邀请我们参与某些活动，并且他和小伙伴的关系也相处得非常融洽，还常常带着大伙儿玩，进步很大。"

可见，想让孩子拥有良好的道德，父母要先做出表率。"恭、宽、信、敏、惠"很好理解，做起来却不容易，需要你保持豁达的胸怀和仁爱的心态，能做到这些的人，一定会将温情和幸福带给家人，令家庭和睦。更重要的是，这些优秀的传统必须传承下去，从小重视孩子的道德教育，只有先"做人"，才能好好地"做事"。

仁义礼智信与人的身心健康

儒家所说的"五常"包括仁、义、礼、智、信，它是古代知识分子秉承的修身标准。不少学者说：“做到了这五个方面，人与人之间就能保持和谐相处。”这“五常”既是中华伦理的精华，又是中国价值体系中最核心的部分。

所谓“仁”，指的是在与别人相处的时候，能够做到融洽和谐，保持平和的心态，避免发生争执。

所谓“义”，说的是当别人需要帮助的时候，能够及时伸出援手，温暖人心。

所谓“礼”，就是说要尊重别人，只有这样，才能得到他人的尊重。

所谓“智”，说的是要用心做事，态度马虎的人永远不会成功，人的潜力是无限的，只有不断开发，才能在做事的过程中找到快乐。

所谓“信”，就是说做人要讲诚信，做个有责任心的人，这是最基本的道德。

儒家学派所倡导的“仁、义、礼、智、信”值得后世学习，是维持家庭和睦的重要因素，能够让你保持好心情，增进身心健康。

一次偶然的机会，我与一位老先生相识，老先生虽然年逾八十，但身体硬朗，精气神也很足。他说：“儒家学派提倡的‘五常’与‘五行’有密切关系，‘五行’对应季节变迁和人的五脏六腑，不良情绪会令身体失衡，疾病就会缠身。”

因此，保持生活处于良性循环对身心健康有很大帮助，能做到“仁、义、礼、智、信”的人，不但会处理好与家人的关系，也能够与同事、朋友和谐相处。这种平静而温雅的生活，会给他带来宁静祥和的心态，不论面对喜悦还是挫折，都能保持淡定，从而受到别人的尊重。

我曾在一项调查中，发现了这两个典型的例子，值得大家关注和思考：

赵女士和丈夫都是企业职员，女儿刚上初中。某天，夫妻俩同时回到家，满屋子煤气的味道，妻子说："不是叫你上班前把煤气关好，怎么成现在这样，你是死脑筋还是得了健忘症，连这点事情都做不好。"

丈夫不甘示弱，马上和妻子争辩起来。两人正吵得面红耳赤的时候，女儿回来了，她已经烦透了这样的家庭战争，一头扎进自己的房间，将门重重地关上。

这只是赵女士家庭生活的一个片段，身边的人都说，她脾气不好，总是和别人闹矛盾，她还特别爱生气，甚至有时候气得连饭都吃不下去。赵女士的女儿说："爸爸妈妈经常为鸡毛蒜皮的小事争吵，尤其在吃饭的时候，我听到这些会常常胃疼……"

由于脾气不好，赵女士和丈夫在单位也没什么好人缘，常年工作在基层，怨气与日俱增，却也没招，女儿学习成绩并不出色，这也常常成为家庭战争的"焦点"。

再来看看另一个家庭的生活片段，可以明显地发现不同之处：

张女士为某大型超市采购部经理，丈夫在外地工作，家里还有上六年级的女儿。这天，张女士正在厨房忙碌，听到客厅传来一声巨响，她跑出去一看，是女儿不小心打碎了玻璃瓶，她马上安慰道："别怕，没事的，用笤帚扫干净就可以了。"随即和女儿一起打扫，还一边和她说，应当如何做，才能不伤到手。

打扫完毕，女儿乖巧地将碎片倒入垃圾桶，说："今天老师发奖状了，全班我最多。"张女士在给予一个温暖微笑的同时，鼓励道："你一直很优秀，刚刚你是因为想尽快将这个好消息告诉妈妈，所以才打碎了玻璃瓶吧？没关系，下次注意就好了，我们赶紧吃饭，一会儿打电话给爸爸，也让他和我们一起分享好消息。”

张女士在公司，是出了名的“人缘好”，不论什么年龄段，都喜欢和她聊天，别人总说她看上去比实际年纪小十来岁，整日素面朝天的她，笑称是因为自己心态好，所以看上去年轻。

女儿说，母亲就像太阳，会给人温暖的感觉，她觉得自己很幸福。丈夫说，这么多年，自己都在外地工作，离不开妻子的支持。而张女士自己却觉得，要做个学会感恩、努力生活、尊重别人、诚实守信的人。你对生活充满信心，才能身体好，心情好，这也是生活对自己的回报。

所以说，做到“仁、义、礼、智、信”才能够让生活更加五彩缤纷。“仁”的心理状态是慈悲的，不伤害别人，同时为自己多留几条路。每个人都会经历巅峰和低谷，在巅峰的时候，多帮助别人，自己在低谷的时候，才有可能看到援手。

“义”的心理状态是宽容。有些人总喜欢挑别人的毛病，整天斤斤计较的人，不会过得太舒畅，不妨用豁达的心态面对一切，保持侠义之气，才能广结善缘。

“礼”的心理状态是心平气和。常生气的人，心脏总是不舒服，会出现心慌、心悸的情况，其实，没什么大不了的，不要觉得自己比别人过得差，或是整天拿自己和别人作比较，只有心态保持平和，才能时刻保持冷静。

“智”的心理状态是谦卑。人的智慧不是与生俱来的，必须通过不断学习和积累才能得到。中医说，肾气充足的人，才会眼睛亮、耳朵好，能看得见东西，能听得进去劝告，而真正有实力的人，都是谦虚严谨的。

“信”的心理状态是怡然自得，为人不斤斤计较。能做到诚信的人，通常会表现出笃定的态度，不会将一件事情放在心里很久，心情好，胃口自然就好。

中国文化博大精深，能用这样一种方式，诠释性格与身心健康的关系。作为常年研究家庭教育的人士，我觉得这应当成为孩子成长过程中的必修课，会令他们终身受益。

当然，家庭和睦的受益者，不仅仅是孩子，夫妻间相处之道也离不开“仁、义、礼、智、信”，关爱是互相的；只有彼此扶持，生活才能越来越好；“相敬如宾”不仅是礼仪，更是一种高端的生活态度；爱情、亲情都需要用心经营；家人之间的信任，会令彼此更加轻松，这就是道德的力量。

做人的根本——己所不欲　勿施于人

己所不欲，勿施于人，这句话同样出自儒家学派，意思是，你不希望别人强加于自己的东西，你同样不要强加于别人身上。

作为儒家始祖孔子的做人准则，“己所不欲，勿施于人”就是要告诉天下人，在要求别人做某件事情前，先想想自己若被要求这样做，是什么感受？这样一来，就不会心安理得地吩咐他人如何做事了。

这句话揭晓了处理人际关系的重要原则，想要拥有良好的口碑，就得保持宽广的胸怀，切忌心胸狭窄。能做到宽宏大量的人，一定可以维系好与其他人的关系。试想，如果将自己不乐意做的事情推给别人，别人也不乐意，难道没有破坏自己与别人的关系吗？

有一次，我问学员：“影响家庭和睦的几大因素是什么？”他们分别列出：家人健康、孝顺长辈、教育孩子、夫妻融洽、家庭环境良好……

我再问：“能够做到这些，最根本的在于什么？”

学员开始七嘴八舌，只有一个人告诉我：要保持心胸宽广！

于是，我在白板上写下一行字：己所不欲，勿施于人！

生活中，常出现这类场景：天气很冷，妻子突然想起某样东西没买，催促丈夫去楼下买，丈夫不愿意，认为明天买也没关系。于是，两人因为这点小事闹得不愉快，结果无非两种，丈夫硬着头皮去买，或是两人都带着情绪睡觉。

在你不知道的情况下，孩子已经将这类事情看在眼里。催促一下别人，就可以由对方帮自己办成某件事，却不知自己已经被对方拉进了“黑名单”。

很多父母只会告诉孩子：先学会做人，再做事。那么，你还需要告诉孩子，做人的根本是什么，人都是有感情的，你付出多少，别人都记在心里，将心比心是非常重要的，所以在要求别人做某件事之前，先换位思考，如果自己遇到这样的情况，会有什么反应？

20 世纪 80 年代开始，独生子女家庭陆续增多。这些“80 后”子女，很多已经成家，有了自己的孩子。这些“80 后”父母在成长过程中，永远处于家庭的中心位置，全家人都围着他们转，很难体会“己所不欲，勿施于人”的含义，只要一开口，就会有人替他们做好。

然而，这种情况不会伴随一生。人总是要自己去经历生活，想要令家庭和睦、工作顺利、朋友众多，就必须把握做人的根本，并用实际行动影响孩子，将它传承下去。

你可以用非公平的态度对待其他人，但你终将因这样的态度而“自食其果”，不妨来看这样一则故事：

一段时间里，某个地处非洲的国家，有白人政府的存在，并实施了“种族隔离”政策，不允许黑人进入白人专用的公共场所，白人也不会主动与黑人交流。因为在他们看来，黑色皮肤的人，都是低贱的种族。

某天，一个金发碧眼的白人姑娘在沙滩上休息，一边享受着日光浴，一边闭目养神，由于太疲惫了，所以渐渐进入了梦想，等到她醒来，太阳已经下山了。她感觉饥肠辘辘，便走进一家餐馆，选了张靠窗的椅子坐下，等着服务生前来。她大约坐了十五分钟，服务生就像没看到她一样，忙着招呼其他客人，对她的态度则很冷漠。她顿时火冒三丈，正准备站起来斥责服务生，却无意间看到了对面镜中的自己，不禁流下了眼泪，原来，她的皮肤完全被太阳晒成了小麦色，此时，她真正体会到黑人被白人歧视的滋味。

每个人的人格都是平等的，所以凡事要站在对方的角度考虑问题，“自私”的性格会被别人一眼看穿，没有人愿意同自私的人交往。家庭教育的本质，就是要塑造孩子的性格，让他们对“如何做人”有最基本的概念。父母不能过分宠溺孩子，应该让他们意识到：你不为别人着想，别人也不会为你着想。

很多父母觉得：我的孩子不能“吃亏”，所以必须告诉他，学会控制别人、看到好东西就要伸手拿……所以，在进行家庭教育的时候，对孩子表现出的“自私”一笑而过，甚至认为这并不是一件坏事。

然而，这会令孩子陷入误区，认为只要是好东西，就是自己的，不想做的事情，可以吩咐别人去完成。渐渐地，会养成凡事只顾自己的习惯，而有所不知的是，自己早已被孤立了。

身为父母，难道这就是你希望看到的吗？显然不是，你希望孩子能更好地融入集体，甚至成为领袖。既然这样，就必须让他们从小养成为他人着想的习惯，做到“己所不欲，勿施于人”。

做事的根本——行有不得　反求诸己

做人的根本是心中有他人，才能让自己长久生存于集体环境中。然而，想要有发展，还得懂得做事的根本——“行有不得，反求诸己”。

这句话出自《孟子·离娄上》，它告诉人们要在遇到困难的时候自省，为什么没有成功？为什么不能处理好人际关系？不要将责任推卸给别人，一切从自己身上找原因。

而我们平时太爱责怪他人了。年终考核不理想，就说领导对自己有偏见；孩子考试成绩不理想，就说老师教得不好；很多家庭矛盾也是由相互推卸责任开始的……如果都能从自己身上找原因，就会避免很多矛盾的发生，做到人与人之间和谐的相处。

谦卑是中国传统文化中非常重要的构成部分，谦卑的人，为人处世很低调。首先做好自己的事情，再帮助其他人，这种人是非常受欢迎的，能够与他人长期保持良好的人际关系。

做事的风格，是从小养成的，如果父母在遇到困难的时候，首先想到将责任推卸给别人，孩子也会这样模仿。

有一次，一对年轻的夫妻带着孩子参加亲子活动。刚走到楼梯口，妻子突然说："好像把手机落在车里了，你去找找看。"丈夫说："你自己去，这么不小心，我领着孩子呢。"妻子又说："凭什么我去，本来就是你不好，知道我记性差，下车前也不提醒我一下，你去拿！"两人就此争吵起来，最后，还是丈夫下楼去找手机了，妻子得意洋洋地笑着，完全没有意识到，孩子已经将这一幕看在眼里。

亲子活动包括很多项目，完成每个项目会累计每个家庭的得分，最终获胜的家庭能够得到主办方准备的奖品。游戏的设计，从简单到复杂，难度也逐渐加深，这个家庭似乎少了点默契，得分也排在后面，中场休息的时候，孩子看了一眼大屏幕，发现他们家落后了，大哭大闹："都怪你们，别人的爸爸妈妈都好厉害，你们一点也不厉害。"见到孩子哭泣，妻子赶忙去哄，并对丈夫说："你看吧，都怪你，我都说了你的办法行不通，你偏不信。"丈夫也不甘示弱，与妻子争辩起来……下半场，这个家庭还是发挥欠佳，只拿到倒数第二的成绩。

这下，孩子更不依了，不仅坐在地上大哭，还一直说"都怪爸爸妈妈"，夫妻俩只好一边互相数落，一边哄孩子。

可见，父母没有做到"行有不得，反求诸己"，孩子也很难做到，这就是家庭教育的影响。这种性格如伴随孩子一生，会让他们的人生缺少很多色彩，他们原本会做得更优秀，却因为不具备良好的道德，而掩盖了本应发光的"亮点"。

你们一定对这个场景很熟悉：当年幼的孩子摔倒后，头磕到了桌子哇哇大哭的时候，父母多半会一边安慰孩子，一边拍打桌子，并说："宝宝乖，是桌子不听话，磕着宝宝了。”孩子从小接受这样的信息，就会在遇到问题的时候，只盯着别人的缺点，甚至只从别人身上找原因，而忽略了自己也有问题。

正确的做法是：告诉孩子，是因为他不小心，让自己摔跤，只要以后注意就行了，小朋友应该勇敢一点，马上就会不疼了。

不要担心后一种办法无法安慰孩子，实际上，你已经在给予孩子正能量，帮助他们塑造积极的态度，遇事从自己身上找原因的做事原则，这些都会令他们终身受益。

学习做事要从点滴小事开始，让孩子从具体事情中领悟中华美德的精髓。身为父母，不要觉得一两件小事不要紧，让孩子将责任推卸给别人，或是默认这样的想法，都是对孩子负面心理的纵容。

值得一提的是，“行有不得，反求诸己”要求人们学会自省，但是不能过于自责，避免走向极端情绪。有一次，我接收了一名小学员，与其他孩子不同的是，他总是低着头，不爱说话，也很少主动参加集体活动。某次课间，我将他叫到隔壁教室，问道：“你怎么不喜欢和其他小朋友玩，是不是还不适应这里的环境？”他不说话，一直低着头，我只好安慰他：“没关系的，这里的老师很亲切，同学也非常友好。你看，昨天小亮不是邀请大家去他家玩吗，也邀请了你，怎么会不开心呢？”

他还是不说话。半晌，才对我说：“老师，我觉得自己什么都做不好，我不敢和同学们玩，上课也不敢发言，我觉得自己很差劲。”

这句话令我特别惊讶，我从没想到，他会说出这样一番话，等到了解了他的成长环境后，我才明白，这个孩子是矫枉过正了！

从小，父母便要求他凡事从自己身上找原因，甚至不分青红皂白地将责任全部推到孩子身上。渐渐地，孩子便产生了自责的心理，只要发生问题或是矛盾，一定会马上说："对不起，是我错了。"以至于令他失去了判断的能力，这种教育方式并不可取，这会让孩子心理的负能量增加，失去信心，更曲解了"行有不得，反求诸己"的真正含义。

父母应当把握好"度"，既要用客观的眼光正视问题，又要保持谦卑的态度，将儒家文化的精髓传承下去。在潜移默化的过程中，你会发现，家运、事业运、学业运、人际关系都能得到提升。

第三章

父母有怎样的价值观，孩子就有怎样的人生

思想决定命运

常听人苦叹“我的命咋这么苦”，却很少听人说“我的命咋这么好”。生活中，只有那些不思进取，缺少坚韧不拔精神的人，才会浪费时间感叹命运糟糕，而那些所谓“好命”的人，正忙着思考和奋斗。

所以说，思想决定了一个人的命运，也证明了，命运是可以改变的，关键在于你如何转变思想。

作为孩子的第一任老师，父母拥有怎样的价值观非常重要。思想是支配行为的动力，只有拥有正确的思维模式，才能将生活中大部分事情做好，当你将正确的价值观灌输给孩子，并且成为他的习惯，就等于将最美好的未来给了孩子。

什么是思想？说白了就是你看待事物的眼光。面对同一件事物，不同

的人会从不同角度考虑，有的人心思缜密，能考虑到方方面面；有的人目光长远，甚至通过这件事情，为将来打下基础；也有的人没考虑到这些，想到什么就做什么，效果可能与前者有天壤之别。

授人以鱼不如授人以渔。每当孩子需要帮助的时候，不妨引导他们自己去找寻其中的规律，这样才有更深的感悟。这个过程中，孩子的思维层次不断提高，“授人以鱼”是将现成的东西交到他手中，孩子永远不会思考，而“授人以渔”是把求生的东西交到他们手中，他们会从中得到珍贵的经验，最终一生受益。

这让我想起一位朋友的“育儿经”：

老李有个女儿，今年刚刚上大学，学校离家很远，但与其他孩子不同的是，初次去学校的她，并没有让父母护送，老李笑称：我和爱人只把孩子送到了小区门口。

一直以来，老李对女儿的评价都是“我很放心她，她知道自己要做什么”。有一次，我去老李家做客，看到他女儿正在收拾行李，我问道：“这是要去哪里？”小姑娘说：“放暑假了，我去A省旅游。”

我又问：“谁带你去？”

小姑娘说：“我一个人。”

我惊讶地看着这个不到十六岁的初中生，转头问老李：“你放心？”

老李说：“没什么不放心的，她自己早就制订好游玩计划了，而且想好要‘穷游’，每一笔钱都精打细算，我在这个基础上，多给了她五百块钱，这就没问题了。”

我一时间不知道该说什么……

次月，我找老李有点事，就去了他家，见到了已经旅行归来的女儿，我打趣道："看样子玩得很尽兴，小脸晒得黝黑！"

看到我来，小姑娘兴高采烈地和我说起旅行的经历，她说得很流畅，表情一直很开心。

后来，我问老李："你真的放心女儿一个人走这么远？"

老李说："我就这么一个女儿，当然希望她平安、开心。但是不能因此将她困在家里，必须让她在特定环境中，自己想办法解决问题。我在A省有朋友，我给他们打招呼了，但是没有对女儿说，我想从小培养她的思考和规划能力，学到了是她的财富，思维很重要，能支配她的行为。"

这位朋友说得非常有道理，他完全可以告诉女儿，你应该如何走，才能玩遍A省，但是他让女儿自己规划好，要去哪些地方，需要多少钱，并不是像很多父母那样，孩子出门，钱就敞开花，无法培养孩子独立思考的习惯。

和行动相比，想法更加重要。通往目的地的路有很多，思维模式健全的人，就能以最快方式到达目的地，反之，就容易走弯路，甚至出现半途而废的情况。作为统领行动的"指南"，没有整理好思想，会让行动陷入混乱，然而，孩子的思想需要依靠父母的培养，能否形成健全的心智模式，关键在于父母的价值观。

与孩子相比，父母更容易全面思考问题，有人说："在我成长的过程中，并没有人培养我这方面的能力。"

这不要紧，至少你的生活阅历比孩子丰富，积累了更多经验，哪怕在遇到事情前，你能零星地想起某些事情，都好过毫无经验的孩子。但你不能一会儿告诉他："你现在要做这个。"几分钟之后再告诉他："你现在应该再做那个。"

要引导孩子自己去思考，他们才能获取最宝贵的经验，这是完完全全属于他的。父母可以进行提示，但不要直接告诉他们答案，他们时常会出乎意料地产生创意性思维，这再好不过了。

有一次，朋友带着上初中的儿子去外地，中途需要转车，后一班火车的票早已买好，朋友正在考虑前面一班车的票如何买。

他对儿子说："我们必须定好前面一班车，如果晚点了，就赶不上后面的车了，现在是节假日，改签肯定很麻烦。"

儿子说："那我们不能只看车次啊，凭空猜测就容易买错，您不是说，'过路车'更容易晚点吗，那我们就看看这些车前面有多少站，选择停靠站最少的，时间最合适的，我们就坐那一班。"

朋友非常赞同儿子的想法，事实也证明，儿子考虑问题的方式是正确的。

可见，当父母时常给予提示性语句，孩子会将其看成非常重要的线索，而父母要做的，就是帮助他们将这些线索连成一个系统。孩子总有一天需要独立思考，如果父母不在身边，他们还能够清晰地思考出应该如何做，才能达到最好的效果，人生一定会很精彩。

你的一生到底要什么？

小时候，总有人问你："长大了想做什么？"你肯定会脱口而出："我要当医生、科学家、画家、老师……"这些所谓的"理想"，是遥远并且抽象的，甚至大部分是无法实现的。等到大学毕业，工作了两三年后，人们开始说：“理想很丰满，现实很骨感。”30岁之后，大部分人结婚生子，理想几乎成为幻想，然后就在孩子身上寄予厚望，希望他们去完成自己未能完成的事情。你是否想过，这种不良循环很可能出现在孩子身上，等到他们年老的时候，也不知道这辈子到底要什么？

其实，很多人在接近30岁的时候，已经在某个领域工作了好几年，不再像刚毕业的职场新人，在不断换工作的过程中，寻找适合自己的环境和岗位。既然在某个领域工作过一段时间，肯定对此非常熟悉，加之你有“不想再换领域”的自我意识，不妨将其看成终身事业，并在此方面进行钻研。

当然，工作只是生活的一部分，但父母对待某件事情的态度，会对孩子产生很大影响。认真对待每一件事情，总不会错，不论你想做什么，都需要有这样的精神。

有一天，父亲问小伟：“你想成为什么样的人？”孩子呆呆地看着他，这似乎是他从没想过的问题。

儿子正在上初三，父亲觉得他应当开始考虑这些，可答案却让他很失望。于是，父亲说起自己的经历：“小时候，家里条件很差，我生活在农村，像你这么大的时候，不仅要上学，每天还得下地干活，我就想，将来一定要把你爷爷奶奶接到城里，不用那么辛苦。实现这个愿望，我自己得先到城里来，如何来呢？我必须考上城里的大学，然后在这里找工作、安家，这样就能一步步实现愿望了。”小伟说：“那您已经实现了。”

父亲又说：“这个愿望在你出生前就实现了，由于提前实现，我比想象中多完成了很多愿望，虽然后来的事情，有点出乎我的意料，但这一切的起点，是我的第一个愿望，你不知道自己要什么，就永远都不会开始。”

这位父亲在教育孩子的时候，很清晰地表达了自己的人生理想。因为从小树立了目标，所以人生充满希望。他在为之奋斗的过程中，发现自身潜力比想象中更大，便开始调整目标，完成了更多事情，这一切都建立在第一个目标上，如果他当初没有想好自己要什么，人生可能会是另一番样子。

我一直对学员说：“父母对人生的态度，决定了孩子的价值观。”虽说父母与孩子看待问题的角度和深度不同，但正确的生活态度，对任何人都有用。你可能已经步入中年，不会再重新树立目标，但同样要保持积极生活的心态。学习和进步是不分年龄段的，哪怕你在某个领域工作了很多年，都应当坚持学习，目的就是为了让自己更优秀。

人生就像一次旅行，每个人都想看到更多美景，这就必须不断前进。有些父母说：“我想要的东西很具体，例如，这个月我想给孩子买一套百科全书，过段时间再为自己添置一件衣服。”其实，你买这些东西的目的很明显，是为了让孩子懂得更多知识，还要提升自己的生活质量，总的来说，就是要让全家人生活得越来越好，这就是你想要的。

明白了这个道理，你在学习、工作、生活的时候就有了方向，做事的目的也明确了，甚至会在做某件事前，先想想是否对“完成目的”有帮助。

例如，公司组织内部晋升，原本你不想参加，觉得既辛苦，可能性又不大，但一想到对改善家庭生活有帮助，自己就“来劲”了，决定去试试看，这就是“目标”的意义。

身为孩子的榜样，父母是否有明确的目标，关系到你能否帮助孩子找到明确的方向，如果能用亲身经历告诉孩子：人生就是在“树立目标”和“实现目标”中度过的，那么他们更能领悟其中的真谛。

梦想是人生命的源泉

你是否听过一句话：心有多大，舞台就有多大。

这里所说的“心”，包含梦想、勇气、胆识、诚意……其中，梦想是最关键的要素。有梦想的人，一定是积极乐观的，因为他知道自己所肩负的责任，反之，人就会如行尸走肉般，既没有精神，又缺乏斗志。

很多人说：“我小时候有梦想，现在没有了，因为现实太残酷了。”

我们所生活的环境，无时无刻不在发生变化，很多人觉得自己被时代“抛弃”了，原因在于他们缺少梦想。

一百多年前，爱迪生发明创造了上千种东西，让人们的生活进步了一大截，这源于他的梦想；比尔·盖茨年轻的时候说：“我要让个人电脑得到普及。”后来，他的梦想也实现了。

可见，社会的发展离不开人们的梦想，只要是人类创造的东西，都是由梦想堆积起来的，它与年龄无关，只要你敢想、肯干，人生就会是另一番样子。

对于你来说，梦想是实现自我价值的开始，如果你连想都不敢，还有勇气去做吗？对于家庭来说，每个人都应当为之努力，家运才能兴旺。对于孩子来说，父母的价值观，会直接影响他们，没有梦想的父母，很难教出有梦想的孩子。

不妨看看这位父母是如何做的，你就能掂量出“梦想”的重量：

赵女士在一家上市公司任职，身为财务总监的她，一直保持严谨认真的态度。如今，她已成为出入高级写字楼的白领，但令很多人难以想象的是，她曾经是一名普通女工。

生于20世纪60年代末的赵女士，在家排行老大，为了让弟弟妹妹上学，她在高中毕业后，就去了一家服装厂上班，虽然没有上大学，但赵女士并没有放弃学习，她希望自己有出息，所以坚持每天看书。

这个习惯一直保持到结婚生子后，在儿子四岁的时候，国家组织了第一次注册会计师考试，赵女士认为这次机会难得，于是便报名应试，她用了三年时间，终于取得了注册会计师资格证书。

后来，她回忆道：“那是我人生中最难忘的三年，丈夫在外地工作，我白天也要上班，只能利用晚上的时间复习，当时外面没有培训机构，我只能一点点地啃，皇天不负有心人，我的付出终于有了回报。”

对于赵女士来说，“梦想”是她一直坚持的东西，正因为如此，她从没有放弃对知识的积累。尽管已经考取了国内顶级的会计资格证书，她还是坚持每天学习。儿子曾问她：“您已经这么厉害了，为什么还整天捧着书呢?”她说：“因为我现在的梦想是做好这份职业。”

由于长期耳濡目染，儿子也养成了坚持学习的习惯。每天晚上，赵女士在书房看书，儿子在卧室看书，用儿子的话说，母亲已经将最好的财富留给我——梦想，母亲这么努力，对自己的影响很大。

对于任何人来说，梦想都是极其珍贵的。如果赵女士没有梦想，如今的境遇就会是另一番样子，既无法成为一名优秀的职场白领，也不能将这份力量传递给儿子。

良好的家庭教育，能够让孩子从小感受更多正能量，面对有梦想并且常年为梦想而奋斗的父母，孩子肯定会以此为榜样，更用心地去打造自己的人生。反之，整个家庭会在懒散中度过时光，孩子不能从小树立理想，养成勤劳的习惯，长大后也很难转变思想，长期在安逸中度日，会令人失去抵御困难和风险的能力，这是父母希望看到的吗？

有些人说："我有梦想，但是总无法实现，渐渐地，人也麻木了。"

虽说实现梦想要有"天时地利人和"的背景，但至少要通过努力，令自己更接近梦想，因为在这个过程中，人会不断进步，谁都希望看到更优秀的自己，不妨让"梦想"成为鞭策你的工具，生活一定会更有意义。

例如，你想把现有的工作当成终生事业，希望成为中层管理人员，甚至进入高层。想要实现它的前提，是抓住其中的关键词，当大多数人都将"中层"、"高层"列为重点的时候，我会很冷静地告诉他："核心词是'终身事业'。"这就是很多人空有梦想，却难以实现的根本原因。说一句"我想成为什么样的人"很简单，难的是如何做到，如果你整天想着"我要成为高层管理人员"，甚至成为"口头禅"，你可能真的无法实现它，因为你没有抓住最重要的东西。

只有在你觉得"终生事业"很关键的前提下，才会去思考自己要如何做，才算是在用心做事。

值得一提的是，不能夸大梦想的作用，它能够给予你的只不过是勇气、决心和方向，你还要面临抉择、困境、奋斗和方法。

当你知道自己要做什么的时候，就应当马上行动，以免总是"空想"而浪费了时间，这个过程中，困难、坏脾气等都有可能找上门，如果你能坚持最初的想法，就有了打败它们的魄力。

在自己最无助的时候，可以通过适当的“幻想”令自己重新振奋。例如，成功后的自己是什么样子。当你从困境中走出来，就要马上投入新的战斗中，“幻想”终究是海市蜃楼。

我总是告诉学员：“你不是一个人在奋斗。”你有爱人、孩子，当你在为这个家而努力的时候，他们会因为的你努力而欣慰，更重要的是，这种积极的力量会影响他们，最终令全家人朝着一个方向努力。对你和爱人来说，共同努力后换来的美好生活，会成为你们的“独家回忆”，对于孩子来说，他们找到了照亮一生的光芒。

可见，在你无法察觉的时候，梦想正发挥着巨大的作用，不论个人还是整个家庭，都会因梦想的存在而变得更好。

实现目标，无须等待

人们总叹“时间过得太快了”，自己还没有来得及反应，周围的一切都改变了，想要抓住时间真的这么难吗?

你是否想过，一生中用于“等待”的时间有多长？很多人说：“等我做好了充分准备，就去完成这件事。”你需要准备多久？如何准备？如果一生都无法准备好，你该怎么办？很可惜的是，大多数人没有想过这些问题，只是一味地“等待”。我不得不将最残酷的现实告诉你：你可能真的等不来你想要的东西，因为它们需要你去争取。

人生经不起等待。尤其对于有了孩子后的家长而言，年纪越大，能用来等待的时间就越少。毕淑敏在她的《孝心无价》中写过这样一段话："我相信每一个赤诚忠厚的孩子，都曾在心底向父母许下'孝'的宏愿，相信来日方长，相信水到渠成，相信自己必有功成名就衣锦还乡的那一天，可以从容尽孝。可惜人们忘了，忘了时间的残酷，忘了人生的短暂，忘了世上有永远无法报答的恩情，忘了生命本身有不堪一击的脆弱。"可见，行孝不能等，一定要趁父母有生之年尽孝！

当然，每个人的价值观都不一样，要实现的目标也不一样。

人生的路很长，价值观亦会不断发生变化。对家长来说，最现实也是最要紧的事情是，根据自己的实际情况，设计最合适的目标，逐一实现人生理想。

对于比较长远的目标，在实现的过程中，要注意将其分解成更易实现的"小目标"，例如，想要考取某个证书，就需要先弄清楚考试范围、内容、形式、时间，再根据自身情况选择学习方式，然后制订一份学习计划，最终一步一步地完成。

这个过程中，你可能会遇到因"不可抗力"导致无法实现目标的情况。例如，为了带孩子出国旅游，你提前完成了工作，并且准备好了所需要的钱。但老家临时有事，导致你无法如期带孩子去旅游。这时你就要及时调整计划。任何计划都要遵循这个规律，由于主观原因导致无法完成目标的情况，也要这样做。

前一段时间，我去 L 先生家做客，聊到一半，他七岁的儿子跑出来，对爸爸说："你看，这是我今天的计划，我也要看你的计划。"于是，L 先生将自己的计划表也拿了出来，父子俩讨论了一番，都表示对方的计划订得很合理，L 先生说："那你快去完成吧。"

等到孩子回房间，我问 L 先生："这么小的孩子，能坚持每天订计划？"L 先生说："能啊，我也坚持这样做，这个习惯保持了一年多，孩子和我都完成得很好。"

原来，L 先生是在指导孩子学会制定目标和计划。每个月一号，他都会提醒孩子：这是新的开始，你打算在这个月里完成哪些事情。他先听完孩子的想法，然后再作补充，尽管有些时候，L 先生认为那是个无法完成的目标，但孩子很坚持，他也会同意。等到真的无法完成的时候，他再指导孩子对目标进行调整，几个月之后，孩子基本上会自己独立制定目标了。

L 先生还会要求孩子每天早上对今天需要完成的事情做好计划，然后给他检查。他也会将自己的日程表交给孩子看，双方约定一起完成自己的计划，由妈妈监督，谁表现得更好，月底就能得到奖励。当然，L 先生尽可能将这个殊荣"让"给儿子，以增强他的信心和热情。

从小学会制定目标，孩子就能合理地安排好自己的学习、生活，任何时间都知道自己要做什么，对培养他们的独立性和创造性非常有帮助。

由于年纪尚小，孩子的自觉性不够高，他们实现目标的过程需要父母监督。注意，你不能总是问："你完成到什么程度了？"这容易引起孩子的反感，会让孩子认为你不信任他，往往会导致相反的效果。

不妨用更轻松的方式，与孩子讨论这件事，或是用旁敲侧击的询问，暗示孩子要坚持完成目标，说话的时候，要充分表现出"信任"的态度，适当给予孩子空间，他们会做得更好。

制定目标并不难，关键在于目标应具有可行性和鞭策作用，在此之前，先要充分了解自身情况，做到量力而行。尤其对于刚开始接触的事情，一下子要求自己达到某个较高水平，恐怕很难实现。所以，制订计划一定要脚踏实地，切勿好高骛远。

但是，你也不能将目标定得过低，一本书的复习周期明明只要两个月，你害怕自己无法完成，打算用半年看完，那么，目标就无法起到鞭策作用。所以说，制定的目标应当与自身能力相匹配，或是略严格一些，避免因制定了不合理的目标，而造成虚度光阴的情形。在制订计划时，还要分别找出“紧急且重要”、“紧急但不重要”、“不紧急但重要”、“既不紧急也不重要”的事，按照这个顺序写好，再依次完成。

在完成自己制订的计划时，要有自我监督的意识，尽量做到“今日事今日毕”，假如遇到突发事件，实在无法完成今天的计划，一定要记录下未完成的事情，第二天再找合适的机会完成，切忌无缘无故将今天的事拖到明天做，会形成拖延的习惯。

父母在指导孩子的时候，要将这些要点告知他们，以免孩子将其看成“好玩的事”，没有真正引起重视。

当你完成了一个短期目标，不妨给自己来点“奖励”，意在激励自己继续完成后面的任务，如果今天超额完成计划，也可以简单地鼓励一下自己，例如，买个好一点的冰淇淋，或是去看场电影。

对于孩子来说，他们对所需要完成的工作量，并没有很清晰的概念，所以父母要定期检查孩子的完成进度，如果表现良好，也应当给予适当奖励。

想要抓住时间，就要学会争分夺秒。制定目标并且完成它，是无法等待的事情，父母应当在自己做好这两件事的同时，帮助孩子形成好习惯，这样一来，全家人每天都在进步，这也是保持家庭和谐的重要因素。

一生要实现多少价值才够用?

朋友曾问我:“你觉得人一生要实现多少价值?”我回答:“或许等到我年老的时候,都无法计算清楚吧!”

人们常说:“人的价值是由自己决定的。”确实,你想成为什么样的人,决定权在于你自己。

你是否想过,自己的一生究竟需要什么?房子、车子、孩子?抑或休闲旅游、退休养老、孝顺老人?

你是否想过,若想实现一生的需求,我们要赚多少钱才够用?

以上述需求为例,简单估算一下:在南昌市买一栋像样的房子,100平方米100万(还不包括装修);买辆车约15万,如果十年换一次车,加上保养、各项税金、罚金等,大概要100万;培养一个孩子到大学毕业大概100万(还不包括出国留学);一个月给父母每人500养老金,夫妻双方四位老人30年大概需要70万元;一家三口月开销3000看似很省,但40年则大概需要140万;休闲娱乐生活一年按1万算,40年则需要40万;退休后再活30年,每月开支3000元,30年则需要108万。初步统计,这一生需要约690多万元才够用,这还不算生病、失业等意外开销。这么算来,你只要每月能有14500元收入,就能够一辈子的花销!

很多人片面地以为,这些数字太可怕了。怎么可能实现呢!

实际上,人的一生都在围绕“价值”展开,哪怕是孩子正在读书的时间，也是价值实现的“准备期”。

由此得出一个结论：想要实现人生价值，想要达到这些可怕的数字，就必须通过勤奋的劳动。

有人说：“我只要达到……水平就可以了，我没有很远大的抱负，只需要一份安逸的生活。”

与其相对的是另一种人生态度：“我先做到……再朝着……方向努力，等到这些都完成了，还要……”

很明显，后者比前者实现的人生价值要多得多，因为他做的事情比别人多，甚至可以说，后者所创造的价值是无法量化的，原因在于他通过不断发掘潜力，让自己永远保持前进状态。

李先生是一名大学老师，虽然已经将近50岁了，还坚持亲自给学生上课，并且坚持每节课前要备课。

每当学生去找他，都会看到他或者在办公室认真翻阅资料，或者是聚精会神地在键盘上敲打着，别人总说：“老李，该休息休息了，累了一辈子了。”

他却不这么认为，自己是一名教师，就应当把这个工作干好，虽然几个研究生学生完全有能力代替他给本科学生讲课。但毕竟他们也有自己的事情要研究，更何况“教书育人”是他的职责，不能因为自己到了教授级别，就不去给学生上课了，这样一来，他毕生的经验，如何传递给学生呢?

李先生总是对学生说：“我学了一辈子，也用这些知识教了一辈子书，可还是觉得没学够，没做好工作。”

带着这样的想法，他把学习和工作看成人生最重要的两件事。有一次，儿子问他："您正在走的人生路，是曾经设计好的吗？"

李先生回答："我自己选择读师范类学校，因为想要当老师。工作后，我就想着把书教好，如何做到呢？首先，自己的肚子里要有'货'，才能教给学生，知识是学来的，经验是积累出来的。其次，得想办法让学生领悟道理，我的工作才有意义。于是，我就不断地学，不断地教，一直到现在。"

李先生的话很朴实，却蕴含了一个"华丽"的道理：人一生所能创造的价值，是任何人无法想象和提前设计的，谁积累得多，谁就有更多创造价值的可能，谁更愿意付出，他的人生价值就越高。

每一个孩子都被父母给予厚望。父母认为他们的人生存在无限可能，可以做很多事情，实现无法预计的价值。如何让孩子有所意识呢？关键在于父母的表率作用。

你不要因为自己已经步入中年，就停下奋斗的脚步，实现人生价值是不分年龄段的。与此同时，父母还要注意做好"积累工作"，只有通过不断学习，你才能更好地完成工作，"质量"同样是考验一个人是否优秀的重要标准。

当你保持奋斗状态，并以积极的态度去创造更多人生价值的时候，会发现孩子也开始注重"积累"，因为此时的他们，已经明白这样一个道理：自己是人生的设计师，想要创造多少人生价值，是由自己决定的。

怎样打造价值人生？

生活在这个世界上的人，几乎都曾想过这个问题：我该如何做，才能更好地实现人生价值？

人的一生只能在有限的领域中奋斗，这就是社会分工，职业不同，所接触的专业知识也不一样，但大家有一个共同的目标：在自己的领域中，尽可能做到最好。

既然决定了要全力以赴，就得马上行动，从最简单的开始做，通过不断积累，最终实现“质变”。

想要打造有价值的人生，必须有足够的“底气”。它包括智慧、专业技能、良好的心态、性格……谁的综合素质高，谁就能创造更多价值，不能把目光放在其中一个要素上，否则很难实现预想的效果。

俗话说：“没有金刚钻，不揽瓷器活。”如果一个人连 26 个字母都认不全，还说想要当翻译，就是“最冷的笑话”。

当你充分认识到自己的优势和不足，就知道哪些是你能够利用的，哪些是你需要改进的，目的只有一个：把自己打造得更加优秀。

可见，积累阶段非常重要，关系到你从什么样的起点出发，你积累得越多，能创造的价值也就越多。

海外归来的张先生的经历让我十分佩服。

生于 20 世纪 50 年代末期的他，从小家境十分贫寒，想要出人头地，就必须好好学习。张先生说自己“没有童年”，因为那时候的他，每天除了干活就是读书，初中毕业后成了一名车间修理工。

尽管如此，张先生仍坚持学习，25 岁的时候，已经掌握了两门外语。他回忆道：“我不知道自己的人生还有没有机会，但我认为有实力，在任何情况下都不会错。”

后来，张先生很幸运地成为一名大学生，主修英语专业，大学期间，他又掌握了三门小语种，毕业后，他留校当了大学老师。

几年后，张先生有了出国进修的想法，于是，他毅然辞了工作，只身来到大洋彼岸，开始艰苦的研究生生涯。

一段时间的国外生活经历，让张先生感受到很多，尤其是外国人对中国文化的尊重和向往，让他产生了开办“中文学校”的想法。虽然能想象到创业的艰辛，但他还是决定“放手一搏”，拿出所有积蓄，把学校办了起来。

直到现在，张先生还在为了让更多外国人领略中国文化而奔波，学校办得有声有色，不仅开设了中文学习班，还逐渐设立了各种特色文化班。用张先生的话说：“从我接触外语开始，我眼前已经打开了一扇门，后来，我走进门，发现这里是一片空白，现在，我正在把它打造得尽可能漂亮，将来也会一直努力。”

可见，实现人生价值的方式有很多，张先生的方式只是其中一种。但不论你想做什么，都必须先对此进行“深度了解”，再一步步地走，不要轻视自己，也不能骄傲自满。

每个人都对成功抱有很大的渴望，不妨把这种渴望当成一种动力，不断为自己加油，这样才有可能最终实现目标。

对于家庭来说，每个成员能够把自身优势发挥出来，并通过有效的自我激励，让自己变得更加优秀，对保持家庭的和谐有很大帮助，因为一个人的努力可以改变其他人的态度。

然而，想要创造有价值的人生，并不是简单的事情，既不能急躁，也不能拖延。不论你做出过什么样的成绩，都要虚心接受别人正确的建议，避免闭门造车，走了弯路。

事业必经的四个阶段

与人的成长经历一样，职业发展也需要历经不同阶段，这个过程中，你可能会遭遇彷徨、迷茫，但同时也会收获胜利和掌声。

大学刚毕业时，你毫无经验，并且对未来的人生有很多憧憬，但别急着兴奋，因为现实远比你想象的要残酷，你打算如何度过这个时期？

当了几年“职场菜鸟”，你积累了一些经验，也对周围环境非常熟悉了，这时候，你可能面临选择，你会如何应对？

又经过几年的打拼，你渐渐锁定目标，知道自己适合什么工作，办公室里的新人开始叫你“前辈”，你用微微一笑，概括了职场的酸甜苦辣，这时候，你把更多精力放在工作上，努力把“职业”变成“事业”。

终于，你实现了这个目标，接下来要做的，就是把已经积累的资源全部整合好，再进行合理的利用，不知不觉间，你已经拥有不可限量的爆发力……

一般情况下，我们将职业发展划分成四个阶段，不同时间段里，人们要实现的目标不一样。

想要在职场实现人生价值，就必须了解自己目前所处的阶段，然后根据自身情况，制定合理的目标，越快完成目标的人，能够越早到达下一个“阶段”，也就是说，职场只会对努力的人有所回报。

凌达在一家大型超市工作，担任品质部主管，刚过26岁生日的他，是全公司最年轻的主管。

大学毕业后，凌达就被该公司录用了，担任品质部专员，顶着“专业不对口”的压力，他把全部精力投入工作中，同事们都称他“拼命三郎”。

与“只会干活”的人不同，凌达做每件事前，都要经过仔细思考，尽量让想法更加全面，面对不懂的问题，他马上请教有经验的老师傅，他对每一位同事都非常尊敬，用他的话说：“正因为什么都不懂，所以要更加虚心。”

虽然那时的工资不高，仅仅能维持普通生活，但凌达从没有萌生过要跳槽的想法，他想把这份工作做好，跳槽意味着重新开始。

两年后，凌达作为“储备人才”被派往美国总部培训，学习期间，总部同事对这位中国小伙子赞赏有加，培训讲师说：“他以后一定会有不错的前途。”

半年的培训很快结束了，凌达回到原公司，在同事们组织的欢迎会上，他收到一份神秘大礼：公司任命他为品质部主管。

凌达之所以取得这么好的成绩，原因在于他知道自己是谁，要什么，既没有好高骛远，也没有自暴自弃。对于想要有良好职业发展的人来说，“自我定位”和“不断积累”是实现这一目标的关键词。

那么，根据事业必经的几个阶段，如何令自己更加优秀，从而为下一个阶段做好准备呢？答案是做好职业规划。

首先，进入职场前三年，是“青黄不接”的阶段。这个阶段不如在学校时那么“单纯”，又无法在职场上“独当一面”，自己就像不停摇晃的“半瓶醋”，想过跳槽，又觉得难度很大。这时候，你必须要解决这两个问题：“我是谁？”“我能做什么？”弄清楚这些，你的迷茫感就下降了，如果再能找回自信，就能以更好的状态面对工作。这个阶段里，不要轻言“跳槽”，相反，越能“坐得住”的人，往往越能够积累经验。抛弃跳槽的想法，安安静静地学习吧，你将掌握宝贵的工作技能，并且令自己有更加从容的就业心态。

其次是“职业塑造”。工作 3 ~ 5 年后，你开始进入“职业塑造”的阶段，此时，你已经非常熟悉组织文化、内情，并开始拥有自己的人脉。此外，你的“职业性格特点”也会在这一阶段被暴露出来，你开始意识到，自己擅长什么，存在哪些不足，接下来要做的，就是对职业方向进行调整。你可以选择“微调”，例如，申请调至本公司其他部门或岗位，在新鲜感的推动下，了解自己到底适合做什么。如果此时发现自身情况与目前所在的职位存在很大偏差，要马上考虑改行，切勿因留恋薪水等而错失职业发展良机。当然，如果你的情况与职位匹配程度很高，就不需要进行调整，只要顺利地过渡到下一个阶段就可以了。

接着是“职业锁定”。工作 5 ~ 10 年后，你开始锁定职业发展方向，这时的你既有很明确的目标，又积累了一定经验，此时，要树立起足够的信心，让老板看出来你能“独当一面”。处于该阶段的你，应当准备好发力了，既然决定把眼前的职业当成“终生事业”，就必须有端正的态度，把更多精力投入工作中，切勿得过且过地混日子，要为下一个阶段奠定基础。

最后是“事业开拓”。工作了 10 ~ 15 年，你已经成为有丰富经验的“职场前辈”，虽然很多人还在为“老板的事业”而奔波，但你的阅历已经足以让你去开创“自己的事业”，这时的你呈现这样的状态：在为老板奔波的同时，也在为自己开路。此时，你的家庭负担也开始沉重起来，你也许会陷入思考：接下来的岁月，我要怎么办？人到中年，多半不会再贸然行动，一定会在深思熟虑后再做出某个决定，这时候，就要动用所有的经验和人脉，处理好眼前的工作。所谓“事业开拓”，就是在你不断运用经验的过程中，发现“新大陆”。例如，建立一套新的管理体系等。

通过职业规划，你就可以按部就班地工作，以更加平和的心态面对工作上的挑战。随着职业发展由浅入深，来自家庭的压力也在不断增加，所以要提前做好准备，尽可能保持家庭和谐，以免因工作上的困难，导致自己无心照顾家庭，你的工作状态越稳定，家庭气氛就会越和谐，对孩子也越有帮助。

第四章

1mm 的改变让你拥有“榜样的力量”

改变使你成为最大的赢家

一次课程结束前，我问学员：“谁想变得富有?”结果大家纷纷举手，我又问：“谁知道如何成为富有的人?”这次，房间里鸦雀无声，我提示他们，答案就在第一个问题中，一分钟后，有人回答：“改变现在的自己。”

的确，“改变”会让人更加优秀，并最终成为赢家，但“改变”需要你有足够的勇气和行动力。

有人说：“我决心要改变，让自己更加优秀，成为父母的依靠，孩子的榜样。”

既然你有决心，我们就来讨论一下如何“改变”。

首先，改变从观念开始。人与人之间的差别，不在于能力，而在于思维方式。面对同一件事情，失败者和成功者一定有不同观点，甚至会出现截然相反的观点。

正因为思想会支配人的行为，所以只要观念是正确的，行动就不容易出现误差。要养成思考的习惯，在去做一件事情前，要有合理的规划，不能盲目地去做，当然，也不能过于犹豫，以免错失良机。

很多人之所以成功，原因在于他们懂得“放弃”，学会抛开眼前的小利，去追求更大的利益。例如，同事组织了一次自费旅行，作为职场新人的你，是“咬咬牙”参加，还是以省钱为目的窝在家里？当然应该选择前者，虽然花了钱，却让你和同事拉近了“距离”，今后沟通起来会更加方便。

其次，改变从自身开始。很多人遇到问题的时候，喜欢将责任推给别人，或是因为不喜欢别人的性格，而无法与之建立良好的关系，这两点都是职场大忌。所以，必须改变自己，从而更好地适应环境。

小张是一名“海归”，他从中学开始，就一直生活在美国，大学毕业后，还在当地的一家公司实习八个月，由于家庭原因，他决定回国发展。

由于各方面条件都不错，他很快被一家本土企业录取，当朋友都担心他无法适应国内企业文化的时候，小张却以最快速度，让自己融入该公司，他说：“既然明知自己无法改变别人，不如早一点改变自己，这样才能更好地展开工作。”

还有，改变从小事开始。当听到“改变”二字的时候，很多人来劲儿了，纷纷表示要把自己打造得如何优秀，一般情况下，我都会很冷静地说：“先从小事开始吧。”

有一次，学员小P说：“您的课程对我有很大帮助，我要变得更优秀，三年内成为中层管理员，十年内进入公司高层。”

我问他："你打算从哪里开始改变呢？"小P愣住了，不知道要怎么回答，我说："就从下次上课不迟到开始吧。"

路是一步步走出来的，在憧憬未来的时候，应当先检查一下，自己是否有"八字脚"？不要觉得小事不起眼，就可以忽视它，往往细节能够决定人一生的成败。所以，想要变得更优秀，就先看看自己是否存在"不起眼"的小缺点，如果有，务必改掉它，等到把它们全部清理干净，你会发现自己走路的步伐更加轻松，甚至会有意想不到的惊喜。

此外，改变是一件不能等待的事情。当你意识到自己需要改变的时候，就必须马上行动，采用比较流行的说话方式表达，就是：再不改变，你就"老"了。

只说不做的人，属于"幻想派"，可能永远无法实现目标。既然已经意识到改变的重要性，为什么不马上去做呢？

如果还是没有动力，不妨问问自己："你难道要等到父母老得走不动，才想起带他们出去旅游吗？""你难道要等到孩子长大后，才想去让他接受更好的教育吗？"既然你的回答是否定的，就要用实际行动来证明，你有决心让家人过上好日子。

"改变"是提升个人能力，从而改善生活的开始，想要成功就必须和过去的自己说"拜拜"，然后以新的姿态上路。改变的过程中，你可能会累、痛苦，但只要想想家人期盼的目光，就会觉得一切都是值得的。

什么是成功?

现如今，人们的生活节奏越来越快，似乎都奔走在奋斗之路上，为了实现人生价值而努力工作，赚了钱再去改善家人的生活。人们说：“我要再加把劲，才能离成功更进一步。”是啊，人人都渴望成功，那么，到底什么是成功呢?

实际上，成功就是实现自己有意义的既定目标，既不能单凭金钱的多少衡量一个人是否成功，也不能把目光都集中于他的社会地位。

成功是个主观性很强的词语，不同人对成功有着不同定义，但毋庸置疑的是，成功者一定会用心做事，并且在某些方面有比较突出的成绩。

前段时间，我在一个小型聚会上，认识了万先生，他创办了一家培训机构，并且保持着不错的利润。

聊天的时候，我打趣地称他为“成功人士”，万先生问我：“您觉得什么是成功?”我简单地表述了自己的看法，他并没有接下去，而是停顿了半分钟后对我说：“我个人觉得，成功就是把事情做好。”

我有些惊讶，没想到他对待事情的态度如此纯粹，没等我反应过来，他接着说：“别人说，成功就是赚了很多钱，然后做很多有意义的事情，我觉得这只是成功的‘表现方式’，想要达到这样的效果，必须先把事情做好。我和雇员谈工作的时候，希望他们不要把我当老板，只有这样，我们才能真正展开讨论。有一次，学生父母找到我，说学校在教育方面存在问题，孩子在这里上学，不仅没进步，反而退步了。我觉得事情很严重，于是专门找了时间，把他的任课老师找来，和学生父母一起商量，看有什么办法能够帮助孩子进步。事后，那位父母很感谢我，又要送锦旗，又要请我吃饭，我都婉言拒绝了，因为这是我的事业，我不能把孩子的功课教好，就是我失职了，我必须想办法解决这个问题。朋友很不解，说我办的是培训机构，又不是正规学校，就算在学校里，老师也不可能关注每一位学生。我的态度很坚决，我干的也是教书育人的活儿，教孩子一天课，我就要对孩子负责。”

听到这些，我着实很佩服他，因为能够用这种态度面对工作的人，确实非常少。如果换了别人，一定会把大量时间用在如何赚钱上，哪里会管某一位学生的学习情况。但是万先生做到了，也因为如此，他的学校才能常年保持良好的口碑，甚至不需要去打广告，学生父母就会自己前来咨询、报名。

试想，如果我们都将成功看得很简单、纯粹，是不是我们的生活会发生巨大改变呢？例如，老板让你做一张统计表，接到任务后，你要想，我该如何做，才能把这件事情做到最好？首先，要了解制表的目的，是为了让老板了解上一周的生产情况；其次，你要考虑老板的感受，他必须能看得懂这张表，而不是要你在一旁向他解释，要在表中将老板需要的数据一一列出来，并且格式要符合他的阅读习惯；最后，还要对表中的内容进行分析整理，对老板做出正确的决策有帮助。

正因为你想要做好这件事，所以就能将方方面面都考虑到。当老板拿到这份表格的时候，会怎么想？他一定觉得这个员工是真正在用心做事，替他想到了这么多，为他节约了很多时间，他不重用你，还会重用谁呢？

可见，当你将思想包袱卸下，尽量用简单纯粹的眼光看待“成功”的时候，你已经再向它靠拢了，不论工作还是生活，轻装上阵并用心做事的人，一定是最出色的。

例如，很多家庭为了谁付出的多，谁付出的少而争执不休，甚至会因为多做了一点家务，而对另一半大发脾气。你已经和爱人组成了家庭，家就是一个整体，每个人都应为了家庭的和睦而努力，一定要把多和少分得那么清楚吗？如果你有空闲，多做一点又如何呢？如果夫妻双方都能把“维持家庭和睦”看成最重要的事情，就不会为小事而吵架。

身为父母，你要有“榜样意识”，孩子时刻盯着你，你能否用心做事，决定了他的生活态度。

此时，你还会将成功看成遥不可及的事情吗？其实，你手上正在做的事情就是成功之路的起点，尽量把每一件事情做好，你的人生就一定会成功。

成功的十大步骤

有一次，学员对我说：“老师，请您告诉我，获得成功需要哪几个步骤？”我特别惊讶，一时间不知道要说什么。随后，我进行了认真思考，这个问题确实“大有学问”，经过分析，我将“获得成功”整理为十大步骤，供大家参考。

第一步，自我分析。

你真的了解自己吗？相信这个问题，会让很多人陷入思考，在你去追求成功前，先想想自己有哪些优点，存在哪些不足，优点需要发扬，不足应当改正。

与“失败者”相比，成功者身上的优点更多，并且有足够的自我约束力，做事的时候，会从自己擅长的方面入手，并积极纠正缺点。

此外，了解自己的专长也很重要，所谓专长，就是在一定范围内，你可以做别人做不到的事情，这是很难得的。

每个人对工作的态度不同，了解自己的态度，就能帮助你找到适合的方法。因为思想支配行动，所以，你要保持思考的习惯。

第二步，建立使命感。

所谓“使命感”，就是推动你前进的力量。不妨多问问自己：“你想成为什么样的人?”

“你如何让身边的人更加幸福?”

如果一个人“了无牵挂”，本着“一人吃饱，全家不饿”的心态，在得过且过中混时光，是不会有太大成就的。当人“有了牵挂”就不一样了。

某次，朋友对我说：“单身的时候，我只要每天上班、下班，守好那一份薪水就可以了，反正能养活自己。结婚后，我除了养活自己，还得为爱人考虑，工作努力多了，生怕自己无法给她足够的保障。现在，我有了孩子，开始过上一刻都不敢松懈的生活，铆足了劲儿，我能明显感觉到肩上的责任。”

可见，一个人有了使命感，就会不断要求进步。在你觉得疲惫、迷茫，想要放弃的时候，应当回头看看父母、朋友充满期望的眼神，他们能给予你力量，促使你变得更加优秀。

第三步，明确价值观。

你有什么样的价值观，就能创造什么样的成绩。所谓“价值观”，就是大家对事物的看法，例如，你用什么心态对待工作，是只盯着“薪水、职位”看，还是把主要精力放在工作本身？

很多人说：“上班不就为了那点工资吗？”

这个想法是片面的，如果你整天想着“薪水”，人就会变得很浮躁，对完成具体事务没有耐心，而那些能够静下心来做事的人，往往会得到更多“回报”。

第四步，设立目标。

大量研究表明，有明确目标的人，更容易获得成功，如果你有目标，就不会感到迷茫，并且会为了实现目标，不断提升自我素质，不知不觉间，你离成功就越来越近。

我曾对学员说：“一定要将目标刻在钢板上！”

目标的制定，不能靠凭空想象，而要经过仔细分析，既不能过大，也不能太小，合适的目标，不仅能给予你信心，而且能起到鞭策作用。

目标一旦设立，就不能随意更改，你做每一件事之前，都要想想：我这么做，对完成目标有帮助吗？如果答案是肯定的，就要立刻行动，等待和拖延只会消磨你的意志。

小 M 任职于某“五百强”企业，是中层管理人员，对于刚满 30 岁的人来说，这个成绩已经很不错了。

刚上大四时，她就开始规划自己的未来，当其他同学都去中小型企业上班的时候，她拒绝了这类企业的邀请，在她看来，这与自己的目标有很大差别。

小 M 曾明确表示：她要去大型企业工作，因为在那里，她可以积累更多经验，并拥有更广阔的平台。

直到即将毕业，小 M 还是没有找到理想的工作，同学劝她："不如先在小企业上班再说，毕竟马上就要离开学校了，总不能让自己没有落脚点吧。"

那段时间，小 M 也动摇过，但她还是决定去大企业"闯闯"，她节约一切不必要的开支，一见到这类企业有招聘会，就立刻报名，她很用心地准备，目的是为了保证让自己有最好的状态。

突然有一天，某家"五百强"企业公布对外招聘信息，小 M 满怀信心地参加，第一轮、第二轮测试都有不错的成绩，直到进入"面试阶段"，她才遇到了强劲的对手。

后来，小 M 被该公司录取，结束的时候，面试官对她说："你们两个人的能力相当，甚至他的语言表达能力，略胜你一筹，但这种能力'可塑'，你会在今后的工作中得到锻炼。你胜过他的原因，是你更加坚守目标，从与你的交流中看出，你会为了既定的目标全力以赴，我们需要这样的同事。"

由此看出，有明确目标的人，知道自己想要什么，并努力争取，不会轻易被"一闪而过"的念头打扰。虽然实现目标的过程很艰辛，也会出现意想不到的困难，但能够坚持目标的人，会以坚定的态度面对这个过程中的喜怒哀乐。相反，没有树立目标的人，就很容易半途而废。

第五步，找一个世界级的榜样。

任何时候，榜样的力量都是无穷的，当你将某位成功人士当成"偶像”的时候，就会通过模仿他、学习他，令你们之间的差距越来越小。

有些人说：“这个步骤看上去不太现实，不论我怎么做，都不会成为乔布斯、马云、比尔·盖茨。”

确实，成功是“天时地利人和”的结晶，但其中最重要的是“人和”：你的思想会支配行动；你会因明确的目标而得到激励；详细的计划是你实现目标的保证；积极的心态是成功的精神基础；良好的性格和习惯同样能起到助推作用……

成功者之所以能拥有非凡成就，最重要的原因，是他做到了“人和”，如果你也能做到这一点，会发现生活就有了翻天覆地的变化，如果再有“天时”和“地利”，成就一番事业就不再是一个梦想。

第六步，做详细的计划。

想要完成目标，就必须有详细、可行的计划。一般来说，你要先制订月计划，再制订周计划和日计划。月计划意在把“大目标”分成一个个“小目标”，周计划是将“小目标”再进行细分，日计划是对每天所做工作的规划，注意三者之间的联系和相互间的督促作用，有助于你更好地实现目标。

第七步，做好时间管理。

说到这里，不得不再次提及时间管理的“黄金法则”：先做“紧急而重要的事情”，再做“紧急但不重要的事情”，接着做“重要而不紧急的事情”，最后做“既不重要又不紧急的事情”。

此外，还要注意对“零碎时间”的利用，很多人感叹“时间去哪儿了”，其实，时间正在你手上溜走，不信你算算，每天花在刷微博、人人网、QQ 空间上的时间是多少，如果用来工作和学习，你的能力一定会得到提升。

能管理好时间的人，就能在有限的人生中，做更多事情，这样的人不成功，还有谁会成功呢?

第八步，建立团队。

但凡成功者，都不是依靠单打独斗，而是有一支具备极强竞争力的团队，想要吸引别人到你的团队来，首先你要展示出实力，当然，你的人格魅力也十分关键。

不少人狭隘地认为：只要将丰厚的福利摆出来，就会有人愿意前来，自己之所以无法建立团队，是因为不能为别人提供“诱人的福利”。

试想，当这样的人站在你面前，你真的会把他看成团队中的一员吗?很显然，答案是否定的，你真正需要的队友，是与你有共同的目标，并且愿意并肩作战的人，不会因暂时的困境而离开你，所以，寻找志同道合的人，是建立团队的基础。

第九步，凡事系统化。

想要令团队处于良性循环中，就必须建立科学的运营体系，其中包括严格的制度、合理的工作流程等。没有系统化的结果，就是团队会像一盘散沙，力量永远无法集中。

第十步，大量的复制。

系统一旦被建立，接下来的工作，就是进行“大量的复制”，以保证团队在平稳中得到发展。值得一提的是，“复制”不是“生搬硬套”，而要根据不同时期的情况，对现有的工作进行合理调整，使之更能促进团队的发展。

这就是获得成功的十个步骤，你要根据自己的情况，对当前状态有针对性地进行调整，令自己更加优秀，从而更接近成功。改变不是一朝一夕的事情，甚至比你想象中艰难得多，但只要时刻记住：你是全家人的依靠，就会充满斗志。

成功需要持久动力

老话说："台上一分钟，台下十年功。"

想要获得成功就必须有"滴水穿石"的韧劲，做事无法坚持到底的人，几乎不可能取得成就，越能坚守目标，并为之不断努力的人，越有可能开启成功的大门。然而，能做到"持之以恒"的人少之又少。所以，马云才会说："今天很残酷，明天很残酷，但后天会很美好，不过，很多人会死在明天晚上，因而看不到后天的太阳。"

无法做到坚持不懈的根本原因，是很多人缺少动力，即便有不错的想法，也会因只有"三分钟热度"而没办法完成目标。

那么，要如何做，才能令自己有源源不断的动力？

第一，渴望"被尊重"的感觉。

人人都希望自己能得到更多人的尊重，甚至成为他人学习的榜样，为了完成这个目标，你必须不断优化自己，提升综合素质。

曾有学员问我："一直以来，都有很多令我尊敬的人，却不知道何时才会被别人尊重？"我的建议是：不妨在你所尊敬的人里，挑选一两个特别优秀的，当成你的"偶像"，以他们为学习的榜样，不断进行自我激励，坚持一段时间，你就会明显感觉到自己的变化。

身为孩子的父母，你同样希望成为他所敬佩的人，当孩子在别人面前提及你的时候，如果说："父母是我的'偶像'，是我最尊敬的人。"你的心里一定会非常温暖，为了这一天的到来，你更需要加倍努力。

第二，渴望成为人们传颂的人物。

你不仅要让朋友、家人为你竖起大拇指，还得令更多人了解你所做的事情，并最终成为他们口中传颂的故事。

有人说："做到这一点太难了，几乎是让自己成为名人。"越是不容易得到的赞扬，就越珍贵，对你的鞭策也就越大，所以，让自己保持使命感、责任感和荣誉意识非常重要。

我本人是用这句话激励自己的："宁做在时间的流沙中留下脚印的人，不做在沙发上看电视而留下屁股印的人。"

第三，渴望获得财务自由，并让家人生活得更好。

在这个竞争日益激烈的环境中，想要有"立足之地"就必须拥有足够的实力，不然连生活保障都没有。只有当你实现财务自由的时候，才有心思去享受生活，而现在，你可能远远没有达到。

当你想要放弃的时候，不妨问自己："你有足够的钱吗？你这样做，能够让家人生活得更好吗？难道不想让父母安度晚年，让孩子接受更好的教育吗？"

或许，你无言以对，想要改变现状，那么就得继续去奋斗，因为没有人会拍着胸脯说："这一生，我都会成为你的保障。"真正能给予你保障的，只有你自己。

李慧女士是一家美术培训学校的负责人，看上去非常干练。

在没有了解她的过去前，我怎么也不会想到，这位都市白领，居然当过五年的全职太太。她说："大学毕业后，我就结婚了，并很快有了女儿，虽然是全职太太，但我的生活非常幸福，这个状态维持了五年。后来有一次，闺蜜向我哭诉，她的丈夫有外遇了，现在要和她离婚，闺蜜也是全职太太，这让我陷入前所未有的危机感中，心想，要是我的丈夫也如此对我，该怎么办？那时候，女儿刚上幼儿园，我却已经开始担忧，如果她以后也像我一样，是不是生活就被他人主宰了？我意识到，自己必须去工作，有自己的财务来源，才有资格与丈夫并肩站在一起，并成为孩子的榜样。于是，我开始'重操旧业'，找了一份美术老师的工作，虽然照顾家庭的时间少了，但一切并没有发生太大改变，同样有时间做饭、陪孩子，因为我会合理安排每一件事情。后来，我自己单干了，创业初期很辛苦，但一想到肩上的责任，疲劳感就消失了大半，我今天的所有成绩，都源于十几年前的那个决定：我要经济独立。"

任何时候，经济上的独立，都会带来精神上的愉悦，通过劳动换来的报酬最令人舒心。在孩子看来，父母都非常有志气，是自己生活上的好榜样。

PART 2
美满婚姻是孩子成长的“摇篮”

第五章

揪出不幸福的“细胞”，尽早排除离婚隐患

为了金钱分分合合

在中国，离婚率逐渐上升，甚至达到了惊人的程度。1985 年只有 45. 8 万对，1990 年增加到 80 万对，1995 年超过 100 万对，2005 年则达到 178. 5 万对，2008 年猛增到 226. 9 万对。

这些离婚的夫妻中，有相当一部分是因为“金钱”而离婚的。一位朋友曾问我：“真是想不通，刚步入婚姻殿堂时，都是幸福的，为什么会在若干年之后，走到了离婚的境地?”

说到底，是虚荣心和攀比心理在作祟。二三十岁刚结婚的时候，大家都处于事业起步阶段，人与人之间的差异并不大，然而五到十年后，差距会越来越明显，薪水、职位、社会地位等都有可能被拿出来比较，这时候，人就容易产生攀比心理，夫妻矛盾也由此产生。

此外，二三十岁的人，所掌握的资源相对较少，随着年龄的增长和社会经验的积累，人们开始不断争夺资源，占优势者自然会露出胜利的笑容，处于劣势的人，心里多少有些不平衡。这时候，虚荣心便成为影响夫妻关系的另一大障碍。

现如今，夫妻关系因为金钱二字，变得脆弱不堪，有些人觉得日子过得太困苦，所以离婚了；有些人因为拆迁，想分更多的钱，所以“假离婚”，结果却变成了真离婚；有些人在自己小有成就后，觉得另一半配不上自己，于是也离婚了……为了金钱分分合合的人很多，金钱真的就那么重要吗？

金钱当然很重要，是生活必需品。没有钱，就无法生活下去。但是物质并不能带来真正的幸福，精神才是最强大的。失去了爱的能力，就算有再多的钱，也无法令人感到快乐。愿意真心相待的夫妻，即便目前的经济状况不容乐观，也可以通过共同奋斗，创造很多劳动成果。

况且，当你与另一半因为金钱而争执的时候，是否想过孩子的感受，他们需要一个稳定、温暖的环境，如果孩子在“摇曳”的环境中长大，就会产生不安全感，缺乏自信的心态。

这让我想起一位朋友的经历：

我和他是中学同学，有一段时间，他很少来上课，即便来了，情绪也不好，后来才知道，他是因为父母离婚了，觉得很难过，认为自己没有家了，所以极度缺少安全感。

我到现在都非常清晰地记得，他对我说：“我以后要赚很多钱，这样我妈妈就愿意和爸爸在一起了。”

后来，我才知道，他的妈妈越来越觉得丈夫钱赚得不够多，所以整日抱怨，看到身边的姐妹穿着漂亮衣服，开着私家车，她对丈夫的埋怨与日俱增，最终走到了离婚的境地。

他不想和母亲生活在一起，因为他觉得母亲的决定是错误的，父亲为了“争一口气”，决定南下打工，他只能和爷爷奶奶住在一起，令他在短时间内，突然失去了父母的“庇护”，心理创伤可想而知……

这件事情后，他就变得沉默寡言，学习成绩也不断下降，他没有读大学，而是想尽快打工赚钱……

当夫妻在争执的时候，往往没有想到孩子的心理变化。有人说：“我为什么要和他争执，还不是为了孩子么?”

事实上，给予孩子健康的成长环境，比给予物质更加重要。童年、少年时期，是孩子性格形成的黄金时段。一旦错过了，会影响孩子一生。父母传递给孩子最好的东西，不是钱，而是对待人生的态度，只有精神强大，才能成为幸福的人。

《易》之序卦曰：男女之道，不能无感也，故受之以咸。

意思是：婚姻的基础是感情，其他都是附属品。

人们常说：“恋爱时间是美好的，一边憧憬未来的生活，一边感受来自另一半的关爱，而婚姻是爱情的坟墓，柴米油盐的生活会颠覆你之前的所有想法。”

与恋爱相比，婚姻生活要面临很多现实问题，尤其在有了孩子之后，所有的经济重担都落到夫妻俩头上，甚至有些家庭是由丈夫一人独担。

你或许不会再像恋爱时那样，经常牵着她的手去看电影、散步，也不会让他陪你去游乐园，过久了平淡的生活，会让人觉得生活就像白开水一样无情趣，久而久之，便会对另一半产生抱怨。

所以说，夫妻双方在任何时候，都要保持心中有希望，多回忆恋爱、新婚的生活，让自己意识到，与另一半有很深的感情基础。多看看对方的优点，你的肯定和鼓励，对他来说是最好的加油方式。每对夫妻都各有自己的生活模式，眼光不能总盯着别人，舒适的生活最重要，幸福与金钱并没有很大关联，而在于你看待世界的态度。如果有时间，多陪陪家人，也可以去看场电影，重温恋爱时的美好感觉，有他（她）的陪伴，奋斗的道理上才不会孤单。

精神空虚，幸福感无处寻觅

央视记者曾在百姓中做过这样一项调查：你幸福吗？面对突如其来的提问，很多人都懵了，这不禁引发我们的思考，幸福感到哪里去了？

过去中国民众对婚姻寿命总结是：三年痒，七年痛，但是实际离婚个案中，婚姻保质期大幅缩小，由原来的27个月，发展到如今不足一年了。

全国离婚率调查显示：

第一名北京，第二名上海，第三名深圳，从数据上看，这些经济较为发达的城市，离婚率也“遥遥领先”，不得不引发人们的思考。

感情是构成婚姻的基础，精神比任何东西都要强大，但是在经济并不落后的北上广，很多人却因为精神空虚而无法与另一半走下去，给家庭带来不可磨灭的创伤。

恋爱的时候，爱一个人不需要理由，也没有任何要求，就是这样单纯地爱着对方，喜欢和他在一起的感觉，喜欢他的全部，包括优点和缺点。你以为可以与他就这样白头偕老，却不曾想到，婚姻让你对他渐渐产生了厌恶感，为什么无法在婚姻中找到幸福感呢？

婚姻与恋爱最大的不同，就是让人失去憧憬。结婚前，几乎所有人都在幻想，婚后会是什么样子？而大家多半会想到美好的一面，忽视了对“困难”的重视。

结婚后，每天要担负工作压力、照顾家庭、融合两个家庭的关系，时间久了，就不会再去“幻想”，这就是精神空虚的最根本原因。

先来看一段案例：

小 A 与丈夫结婚快十年了，有一个八岁的儿子，这段时间，她正和丈夫冷战，因为两人都觉得，再吵下去就要离婚了。

小 A 是某医院护士长，丈夫是某企业中层管理人员，家庭经济状况不错，但是，小 A 觉得，她和丈夫越来越没话可说了。

夫妻二人常常加班，虽然住在一起，但见面的机会不多。有时候，丈夫到凌晨才回家，她和儿子早已睡下，小 A 早上起得早，丈夫还没醒，又失去了交流的机会，她说：“我们俩时间总是对不上，连说句话都是奢侈的事情。”

她生日、结婚纪念日、儿子生日，丈夫常常不能陪在他们身边，但总会丢一张购物卡，并告诉他们：“喜欢什么，随便买。”闺蜜很羡慕：“小 A，你太幸福了，丈夫很疼爱你和孩子。”她只有苦笑，丈夫不在身边，家就不完整，这些缺憾是礼物能弥补的吗？

有一天，儿子问她：“爸爸什么时候回来，我今天有个好消息要告诉他。”结果，她和儿子等啊等，电话也打了好几个，丈夫总说马上完成工作了，一会儿就回家，结果，娘俩等到凌晨，丈夫才回来……

这让小A顿时火冒三丈，一段时间来的怨气，全部撒在丈夫身上，不停质问他，两人迅速争吵起来，儿子在一旁哇哇大哭。

小A想，她是不是应该离婚，因为她和丈夫的关系中，几乎没有温情，就连对话都像在“公事公办”，她有时间的时候，丈夫在忙，丈夫好不容易休息一天，她又可能要加班，渐渐地，她也不奢望一家三口的时光，甚至在丈夫有闲暇的时候，赌气般地申请了加班……

直到有一天，小A意识到，儿子的性格变得很孤僻，还动不动就发脾气，这让她和丈夫都非常担忧……

实际上，孩子出现情绪异样，是小A与丈夫经常冷战、争执造成的，在孩子的潜意识中，家已经不是温馨的港湾，很可能下一秒就会出现“狂风暴雨”，长期在这种环境中长大的孩子，很难有健康的心理。

面对多年恩爱如初的夫妻，人们常会问：“你们让婚姻保鲜的秘诀是什么?”不同人有不同回答，但是归根结底，离不开夫妻双方的共同努力，多为对方着想，多做一点有益婚姻的事情，才能令家庭保持和谐。

然而现实中，很多人却等着对方为自己做什么，如果双方都没有行动，精神就容易陷入空虚，没有憧憬的生活一点意思都没有。

不妨和另一半约个时间，再去走走恋爱时经常去的地方，看看那里有什么变化；或是牵着手去看一场电影；也可以在某个纪念日当天，去影楼拍一组婚纱照……这些充满温情的活动，会勾起夫妻俩很多美好的回忆，真切感受当前的甜蜜生活。

婚姻要靠经营，当你用心处理家庭关系的时候，一切都会被孩子看到、记住，他们会认为爸爸妈妈非常恩爱，愿意为对方付出，他们为我营造了美好的家庭环境，我是最幸福的，生活在这样的环境中，会被幸福感包围，不论大人还是小孩，就不会感觉精神空虚。

例如：得知丈夫今天能按时下班，不妨为全家准备一顿可口的饭菜，即便在厨房很忙碌，也要多想想他们品尝美味时的幸福表情，这样一来，你也会觉得很幸福；马上就是妻子的生日了，悄悄地买个礼物，并在当天给她一个惊喜，小小的举动会令夫妻关系更加和谐；和爱人约个时间，一起带孩子参加亲子活动，在陪伴的过程中，将爱传递给孩子……

物质需要人通过努力争取，精神亦如此，如果夫妻双方都能想着多为对方做点什么，婚姻生活就会很充实，幸福感也由此产生。

感情不和，难以继续

很多情侣将分手、离婚的原因归结为性格不合，感情无法继续下去，从中反映出这类人的包容心不够，也没有坚定的态度，总想成为“被爱”的一方，最终导致婚姻无法走到尽头。

恋爱的时候，人们总是将最美好的一面展现出来，甚至会刻意掩盖缺点，就是为了给对方留下良好的印象。随着交往的深入，缺点渐渐暴露，但在结婚前，双方还是比较收敛的，等到结婚后，很多人觉得“松了口气”，可以想怎样就怎样，造成了这样的结果：对方越来越看自己不顺眼。

首先，所有人都应当意识到：世界上没有十全十美的人，你自己也是不完美的，维系夫妻关系的重要因素就是包容，想要把对方留在身边，就不能斤斤计较，并能够站在对方的角度考虑问题，否则感情就难以支撑下去。

其次，时常回忆自己最初的决定，当时，你想要和他结为夫妻的时候，态度一定是坚定的，只是随着时间的推移，你慢慢忘记了当时的心情，不妨重温一下那时候的场景，或许会打消分开的念头。

这让我想起一位朋友的经历：

老姚与爱人结婚十几年了，在我所认识的朋友圈中，他们原本算是一对“模范夫妻”，日子过得幸福平淡，近几年却听说他和爱人之间的争吵很多，弄得孩子也没心思学习。

某天，老姚请我们去他家吃饭，席间，他有点激动，对在座的人说：“上个月，我差点和爱人离婚了。”

就在大家都非常惊讶的时候，老姚又说：“多亏了我的孩子，在我们准备去离婚的前一夜，他把一小盒子书信拿给我们，时间过得太快了，我几乎都要忘记自己在结婚前，曾经给爱人写过这么多信，结婚后就一直放在这个盒子里，也不知孩子是如何找到的，但是那天晚上，我和爱人都陷入深深的回忆，再也没提过离婚的事情。”

或许你忘记了，在结婚前，你抱着多么坚定的态度，想要和他结为夫妻，那时候，你同样知道对方是不完美的，但是你就是喜欢不完美的他，为什么在结婚后，会有截然不同的反映？归根结底，在于你不够坚定，并且忽视了夫妻俩一路走来的艰辛和幸福。

不难想象，当孩子得知老姚与爱人即将离婚的时候，心情是极其复杂的，他想尽最大努力找到父母一路走来的“脚印”，并让他们看看，自己当初的决定。可见，夫妻感情破裂对孩子来说，有非常大的打击，所以不要轻易说“分开”。

即便非常相爱的夫妻，也会因岁月的磨砺，让年轻时候的激情消失殆尽，当内心渐渐平静之后，爱情会完成向亲情的转变，想要继续维持家庭的和睦，就不能再把另一半当成“老公”、“老婆”，而要将他们看成“亲人”，能有这样的意识，就可以化解“感情不和”这一不良因素。

其实，感情和不和，由你自己说了算，生活中常有磕磕碰碰的事情，关键在于你如何化解，而不是一遇到问题，就说：“我们过不下去了。”

“过不下去”的理由很多，但相互扶持的理由只有一个：我爱着你，依赖着你。

经济独立，不想再受约束

随着时代的发展，越来越多的女性走上职场，改变了之前总是围绕锅台转的状况，其中不乏佼佼者，成为经济独立的人。这时候，问题便产生了，她们不再想成为男人的“附属品”。于是，属于她们的空间越来越大，能够得到发挥的舞台也越来越广阔。久而久之，你走你的阳关道，我走我的独木桥。夫妻双方的步调越来越不一致。

经济独立了，女性们更不愿意将男人当成生活中心。因为她们有自己的事情要处理，并且认为这些事情非常重要，丈夫应当支持自己。

如果丈夫的收入高出妻子很多，妻子对丈夫的依赖性就会强。在经济无法完全独立的情况下，一旦与丈夫离婚，生活水平就会一落千丈，这种心理在全职太太身上更加明显，因为她们毫无经济来源。

对于那些在职场混得风生水起的女性来说，丈夫的收入多少，似乎并不会成为自己最关心的事情，她们已经通过努力证明自己的才能，同时为她带来了财富，在男人面前，她们多半是非常骄傲的。

在人们的传统思想中，“男主外、女主内”是一种比较和谐的分工，以至于到今天，人们评价男性和女性的角度和程度都是不一样的。当男性表现出才能的时候，人们至多会表示：他很厉害，是个优秀的人。但在女性小有成就的时候，就表现出极大的赞扬：这个女人不得了，居然能做出这么优异的成绩！这些评价在人们看来已经司空见惯了，所以女性受到的鼓励和追捧更甚于男性，也就更容易令她们产生优越感。

赵可与丈夫结婚快十年了，女儿刚上小学，丈夫是大学教师，她开了一家贸易公司，在外人看来，这个家庭应该是幸福美满的。

事实并非如此，赵可整日在公司忙碌，签了一笔又一笔订单，和丈夫、女儿交流的时间却越来越少，即便和家人在一起，她也会趾高气扬地“指挥”丈夫做这做那，和结婚时完全不一样。

赵可是在A大学参加培训班的时候认识了丈夫，那时候，她在某公司担任职员，丈夫觉得她温柔可爱，特别是会做一手好菜，两年后，他们结为夫妻。

后来，她白手起家创办了自己的公司，并很快小有规模，丈夫有自己的工作，对做生意也没兴趣，赵可只好独立支撑公司的运作。起初，丈夫非常支持她，主动承担了家庭琐事，同时照顾孩子，她曾说：“我很感谢丈夫，因为他解除了我所有的后顾之忧。”

渐渐地，赵可的公司越做越大，她也越来越忙，有时候一连好几个月都在出差，最让丈夫难以接受的是，妻子在家里，也喜欢摆架子，恨不得连他也要喊一声：“总经理好！”

赵可似乎没有意识到丈夫的不满，依旧我行我素，在公司呵斥下属，回家“指挥”丈夫，甚至在朋友聚会的时候，完全不顾丈夫的面子……

虽然赵可和丈夫还没有到离婚的地步，但是她的婚姻已然“站”在了悬崖边上，从孩子的角度说，这种夫妻关系不利于他的成长，甚至连最基本的道德都无法感悟，这种婚姻很难维持下去，会对孩子产生负面影响。

当今社会，人们把收入看得异常重要，甚至成为衡量人生价值的唯一标准，这种观点是片面的。如果在婚姻生活中，也坚持这一观念，很有可能会影响夫妻关系，甚至影响到孩子的成长。

不少职业女性，因为经济足够独立，萌发了“从家庭中解脱出来”的想法，我不禁产生疑惑：“难道家庭带给你的，就只有束缚吗？”

多想想家人对你的关心、鼓励，你就会意识到：今天所拥有的成绩，是家人和你共同创造的，少了他们的支持，你还能坚持到现在吗？

当爱人走得快或慢时，我们也有责任和义务迁就对方的步调，与对方保持步伐一致，夫妻间的感情就会更加和谐。到那时，你就不会再把“家”看成是约束自己的“牢笼”，而是温馨的港湾！

婆媳不和导致婚姻破裂

婆媳问题一直是影响夫妻关系的重要因素，实际上，人们早已理解这种矛盾产生的根源，却总是被困扰，可见，想要达到理想状态，并非容易的事情。

对于婆婆来说，辛辛苦苦把儿子养大，却要交到另一个女人手中，多少会有不舍，所以她希望媳妇能像自己一样疼爱儿子；对于媳妇来说，她就是要找个疼自己的丈夫，有时候，还可以要点小脾气……

几乎所有夫妻都会因为婆媳问题而产生争执，在这种复杂的关系中，是没有赢家的。媳妇和婆婆生活在不同年代，思想观念和生活习惯有巨大差异，婆婆的人生阅历较为丰富，所以习惯对晚辈说教，甚至将做事的态度、方式强加于晚辈，这就导致了婆婆和媳妇之间，很容易产生矛盾。

此时，丈夫的处理方式很关键，既不能过于偏向某一边，也不能不管不顾，两者都会令家庭矛盾升级。

身为儿子、丈夫，应当先让两位女性冷静下来，再根据具体问题，想一个折中的办法。平时，多在两位女性面前说对方的好，这类信息的传达，相当于给生活添加了润滑剂，也就避免了家庭矛盾的发生。

来看一则案例：

W 先生回到家，发现气氛不对劲，家中安静得让人觉得害怕，母亲坐在客厅看电视，脸上无任何表情，妻子却把自己和女儿都关在卧室。

见到儿子回来，母亲关掉电视回屋，W 先生很清楚地听到了母亲的叹息，他去看了一眼妻子，妻子正在哭泣，虽然看见了他，却没有任何反应，还背过了身子。W 先生知道，妻子和母亲又发生了争执。

他觉得“百善孝为先”，妻子与母亲争执本身就是不对的，于是用严厉的语气批评了她，没有一丝安慰之言，这种情况在母亲搬过来住以后就经常出现，妻子默不作声，W 先生以为她能理解自己的意图，让母亲听见他的责备，不过是“形式主义”，这样一来，母亲就会消气。

斥责完毕，W 先生也没和妻子说几句贴心的话，而是来到母亲房间，哄母亲开心，听见儿子训斥了媳妇，老太太十分得意，就在 W 先生和母亲促膝相谈的时候，沉重的关门声打断了他们的对话，老太太有些生气，正准备说，W 先生忙跑出去一看，妻子早已出门，桌上放着一张纸：离婚协议书。

几分钟后，W 先生收到一条信息，是妻子发的：这样的日子我受够了，你和你母亲过吧，我们离婚。

这时候，W 先生不知所措地看着手机，一句话也说不出来。

很显然，W 先生在处理妻子与母亲之间矛盾的时候，完全没有顾忌妻子的情绪，以为她能理解自己，同时过分偏向于母亲，即便这次妻子没有提出离婚，也会令下一次婆媳关系爆发的可能性剧增。

婆媳关系不好，同样会对孩子的情绪造成负面影响，家庭矛盾不断，会让孩子产生担心：不知道明天，这个家是否还存在？

与此同时，媳妇和婆婆起争执，会让孩子产生疑惑：不是说要尊敬长辈吗？以至于孩子无法接受健全的道德教育，等到他们长大，可能也会遇到这类家庭矛盾，那时候，他们也无法用正确的方式解决。

也就是说，处理好婆媳关系，不仅是为了自己，也是给孩子做一个好榜样，只有这样，家庭才会一直保持和睦，家运才能昌盛。

姻亲关系是非常微妙的，是一种无法说明的缘分，结婚后，媳妇会叫婆婆为“妈妈”，但是，在你心里真的将她看成母亲么？

身为媳妇，如果能真的将她当成母亲，就会从心底表现出孝顺的态度，而不是一味“形式主义”。当然，你与丈夫的某些“小打小闹”，最好也不要在婆婆面前“展示”，将生活中对丈夫的关心更多地展现出来，婆婆一定会心情大好。

更重要的是，媳妇要理解婆婆，学会包容对方，即便老人家有不妥当的地方，也不要过分追究，老人家多半很固执，但是你要给对方留面子，她或许就会感激你。

身为丈夫，更要在妻子和母亲之间起到纽带作用，目的是为了让双方都知道，你是多么爱她们，爱是化解一切矛盾的良药。

很多时候，丈夫带着疲惫回到家，还要处理婆媳矛盾，确实有些力不从心，不妨和婆婆达成“君子协议”：不要再为琐事争执，以免影响丈夫和孩子休息！妻子出于对丈夫、孩子的爱，母亲出于对儿子、孩子的关心，都会尽量减少矛盾的发生，因为你和婆婆同时在他们身上倾注了所有关爱，这样一来，家庭也就变得和睦多了。

婆媳问题不但影响家庭和睦，还会令夫妻关系紧张、孩子产生不安全感，不要觉得在发生争执的时候，把孩子支走就可以了，家庭气氛、成员之间的表现都会将不好的信息传达给孩子，只有站在对方的角度考虑问题，晚辈设身处地考虑老人家的顾虑，才算真正的孝顺，对孩子来说，这也是很好的学习机会。

走到中途变了心

在夫妻感情出现裂痕的家庭中，一方或是双方“出轨”的情况占很大比例，虽然在走进婚姻殿堂的时候发誓全心全意照顾对方一生，但走到中途的时候，还是变了心，这非常令人惋惜。

是什么让人忘记了爱情和承诺？以至于心甘情愿背上“负心人”的骂名，哪怕与原配离婚，也不愿意回到原来的家庭中？

这让我想起一位学员的遭遇：

杨女士今年35岁，与丈夫结婚12年了，女儿正在上小学，夫妻俩都有不错的工作，她是小学老师，丈夫任职于某企业的管理层，加上经济状况较好，她很令身边朋友羡慕。

然而，幸福却在年初的某一天戛然而止，她无意间发现丈夫有外遇，对方是丈夫在某次活动中认识的，依情况看，他们的关系已经维持了半年以上。

令杨女士很费解，自己这么和睦的家庭，怎么也会出现这样的情况，丈夫一直是大家公认的“好好先生”，居然做出背叛家庭的事情。

有一天课间，杨女士和我说起她的遭遇，我问道：“你之前经常与丈夫发生矛盾吗？”杨女士说：“没有，我们从恋爱开始就很少争吵，他看上去非常绅士，和谁讲话都娓娓道来。”我又问：“那你的丈夫有外遇长达半年，你难道就没有一丝察觉吗？”

杨女士说：“我有自己的工作，回家还要辅导女儿功课，周末要不就是送女儿去培训课，要不就带她出去玩，女儿出生后，我对丈夫的关注就少了，加上又比较信任他，所以对这件事情没有丝毫察觉。”

我提示到：“那他之前有没有说，你忽视了他？”她说：“他说过，家里有了女儿，似乎我就不再关心他了，我当时还笑他吃醋了，也没有多想。”我告诉她：“你的丈夫可能是不善于表达感情的人，加之情绪一贯保持平稳状态，以至于他在向你‘抗议’的时候，并没有引起你的重视，有了孩子后，你几乎把全部注意力都放在孩子身上，对他的关心渐渐少了，甚至很少和他交流，从家庭无法得到关爱的情况下，一旦外界有人给予关心，他的心就会向外倾斜，所以说，想要挽回你的丈夫，就要多关心他，让他感受到来自家庭的温暖。”

这种情况在很多家庭出现，不要觉得男性不屑于这种感情，他们往往比你想象中更需要关心，不妨多带着孩子和丈夫进行互动。例如，全家人一起郊游、多参加一些亲子活动等。也可以找孩子不在场的时候，和丈夫说一些贴心的话，多关心他的健康状况和工作情况，如果可以的话，不妨聊聊他关心的话题，是增进夫妻关系的良方。

恋爱的时候，觉得对方是自己的全部，而在结婚生子之后，让其他因素占据了你的心，受到冷落的另一半，就会从其他地方找寻温暖，所以说，不论妻子还是丈夫，都要彼此关心爱护，才能让感情一直延续下去。

尽管已经有了孩子，夫妻俩也可以营造属于自己的“小空间”，在这个空间中，让感情不断升华，而这个稳定、温馨的“小空间”，也在为孩子的成长积蓄正能量。

这是一个开放的时代，人们的思想也在不断发生变化，就像很多人所说“外面的世界很精彩”。的确，外面的诱惑太多了，有些人为了寻找刺激，有些人觉得有外遇是身份的体现，有些人觉得实在与“家里那位”无话可说，还有的人和爱人分居两地……

“出轨”的理由很多，但终究是违反道德的事情，身为家庭一员，你有责任让这个家保持完整。

平淡的生活令人觉得就像在喝白开水，夫妻间不妨多制造一些“小浪漫”。例如，妻子生日的时候，送她一束玫瑰，像恋爱时候一样，打个邀请电话，约她看场电影，等等，这些温馨的生活片段会令夫妻关系更亲密。

有人觉得：都老夫老妻了，还玩青年人那套把戏？

这就是在平淡的生活中寻找“小刺激”，振奋人的精神，如果觉得还不够，也可以来一次“二人旅行”，重温蜜月的甜蜜感觉。

有这样一个笑话：同学聚会上，大家纷纷攀比起来，有人说我赚了很多钱，有人说我职位很高，有人说我早已当了领导，还有人说我娶了多少老婆……

虽然是一则笑话，却反映了一个很现实的问题：有些人将“有外遇”看成身份的象征。当今社会，人们把金钱看成衡量一个人是否成功的重要标志，甚至是唯一标志，如何体现呢？“有外遇”便成了一种方式，这种想法本身就是错误的。从你对待婚姻的态度中，能够解读出，你对待其他事情的态度，为人忠厚、谦卑、守好道德底线的人，会受到更多人的尊重，同时也能够抓住更多机遇，将来可能还有更大作为，这难道不是你需要的吗？

更何况，外面的世界终究是“风雨飘摇”的，家中那位等待你一起吃饭的人，才是终身伴侣，所以说，不要为了短暂的愉悦，而忘记了长久的幸福。

沟通是维持夫妻关系的重要方法，别让自己和另一半变得“无话可说”，遇到问题先让自己冷静，避免发生争执，等到双方情绪都缓和后，再把自己的想法说出来，夫妻关系就不容易“打结”。

当然，夫妻俩并不是等到有问题的时候才能沟通，交流也是沟通的一种方式，从对方感兴趣的话题入手，可以就某件事情展开讨论。例如，妻子在了解丈夫喜欢的球队后，和他聊聊球星们的事情，丈夫在了解妻子喜欢的服装品牌后，告诉她什么款式的衣服更适合，等等，这样就形成一种习惯，在看到某些事物后，就想要和另一半分享。交流的过程中，夫妻感情自然会不断加深。

此外，很多夫妻还面临一个非常实际的问题：分居两地。长期没有生活在一起，夫妻间容易产生陌生感，如果交流不多，这种感觉会特别明显，即便打电话、网络聊天，都无法替代爱人在身边的感觉，面对这类情况，如何防止“外遇”入侵呢？

首先，一定要和爱人“保持联系”，这种“联系”不单指打电话，而是在得知某个消息，或是看到某件事物后，第一时间想到与爱人分享，在自己的潜意识中，爱人是占据重要位置的人，应该和自己分享喜怒哀乐。

其次，制造“我们在一起”的感觉，虽然不在同一个城市，但可以抓住一切空闲的时间团聚，孩子同样是维系夫妻关系的纽带，鼓励孩子多和身在外地的至亲交流，也会让彼此感受到家的温暖。

很多人由于工作原因，不得不与爱人分居两地，不要让抱怨成为伤害夫妻关系的因素，与其花时间埋怨，不如花心思经营婚姻，计划一下爱人回来，是否可以带着孩子一起出去玩？或者抽个时间，单独与爱人“约一次会”，都是不错的选择。

“百年修得同船渡，万年修得共枕眠”，能与爱人走进婚姻殿堂，离不开缘分的牵引，孩子便是你们爱情的结晶，想要保持婚姻幸福、家庭和睦，离不开每个成员的努力，这也是为孩子搭建幸福港湾的过程。

第六章
成就幸福婚姻，给孩子一个完整的家

真情：没有感情的婚姻是不道德的

真情是世界上最美好的东西，因为精神的力量可以超越一切，当新人在大家的见证下，说出“我愿意照顾你一生”的时候，感情便得到了升华。

然而，婚姻并非幻想中那般美好，经历时间的洗礼，原有的激情消失不见，剩下的只有“柴米油盐酱醋茶”，日子过得很平淡，以至于很多人忘记了自己和爱人是因为彼此有情才走到一起的。

有人曾说：“年轻人恋爱时的感情是激情，中年夫妻才能体会到什么是真正的爱情。”也有人说：“爱情终究会变成亲情。”不论谁说的对，“真情”已经被包含在其中，因为没有感情的婚姻是不道德的。

西方有句谚语：婚姻是为了爱情，而不是为了金钱。这句话揭示了婚姻的本质，爱是发自内心的感情，两人之所以结为夫妻，是因为真心爱对方，想要陪伴在这个人身边，互相关心、照顾。

很多人说：“感情是可以培养的。”

人们之所以用结婚的方式锁定爱情，是因为它能够令感情得到升华。在婚姻的范围内，真情是保持夫妻关系的重要因素，因为它，人们学会包容对方，就有更强大的力量抵挡外界的风雨。

一位朋友说：“有没有真情，只要通过小小的对比就能看出，夫妻俩有真情，会在遇到困难的时候，迅速连成一条心，一起商量解决办法，缺少真情的夫妻，会在遇到困难的时候，只考虑自己，甚至会很快想到离婚。”

从两种截然不同的态度中看出，没有真情的婚姻就没有保障，是对另一半不负责的表现，甚至可以说没有真情的婚姻不道德。

王先生与太太结婚两年了，共同养育了一个儿子，朋友总说他太太有福气，找了这么有气质、又多金的丈夫，当别人还在计划如何“穷度节日”的时候，他们一家早已飞往大洋彼岸度假……

王太太说：“我多有眼光，早就知道他是个有才能的人，果不其然，看来我当年押对了注。”

没想到，王先生的公司投资失败，加上资金链出现问题，很快一蹶不振，他和太太商量：“我们把所有的资产抵押出去，公司现在需要资金。”

王太太说：“这怎么行，万一再没戏，我和孩子岂不是要跟着你流浪?”

不论丈夫如何解释，她就是不肯听从，王先生没办法，只好去财务公司借钱，高额的利息加上公司本身运作出现问题，他再也无法挽救，只好将公司变卖。

这时候，王太太提出离婚，再一次打击了王先生。他无奈地问：“这两年来，你到底有没有真正爱过我？你有没有考虑过我的感受？你有没有为这个家、为我们的孩子着想？”

王太太斩钉截铁地说：“当初要不是看你有点才华，我会跟你？没想到，才华果然不能当饭吃。就是为了这个家，为了孩子，所以我必须离开这里，离开你！”

王先生明白了，原来在这场婚姻里，一直都不存在真正的感情。从那以后，王先生很少露出笑容，虽然王太太拿到了为数不少的赡养费，并且将孩子带走。但是，完整的一个家就这样破碎了，对孩子的心理也造成很大伤害……

婚姻生活不仅让人享受甜蜜美好，同样会让人在遇到困难的时候，感受到温暖。人的一生会饱尝成功的喜悦和失败的痛苦，婚姻的意义，就在于有人与你分享喜悦和分担痛苦。而组成婚姻的基础是感情，像王太太这种没有真情的人，不会发自内心为另一半开心，也不会在困难来临时，与爱人共同承担。

什么是真情？就是当爱人与你分享好消息，你从内心深处散发出来的喜悦；当爱人心情不好时，你从心里表现出来的担忧；当爱人遭遇困难，你既担心他，又恨不得马上帮助他，这些都是真情流露。

真情是可以滋润人们心灵的东西，会形成强大的心理保护屏障，人们能够以更好的状态面对生活中的喜怒哀乐，生活同样会给予回报。

父母以真情相待，孩子就会领悟真情的重要性。你一定希望孩子被真情滋润，而不是生活在毫无感情的世界中，所以要将这种能力传递给孩子，整个家庭才会保持和睦。

就算非走到离婚那一步不可，父母双方也应该尽全力给孩子更多的幸福感。尤其要多关心孩子的心理健康问题。孩子是无辜的，劳燕分飞，对于父母而言或许是一种解脱，但对于孩子来说，无疑是个灾难。

对此，我建议已经离婚的父母，首先要调整好自己的心态。离婚对当事人来讲多多少少都是种打击，当事人也会受到不同程度的创伤。尤其是女方，可能会因此期待获得更多的来自社会及身边人的尊重与理解。她们甚至会出现多疑、故意自我封闭等一些极端的行为来自我保护。这样的心态将直接影响你的孩子。唯有迅速调整好自己的心态，以积极、健康的态度面对生活和孩子，才能为孩子创造出和谐、良好的成长氛围。

其次，千万不要在你悲伤、痛苦的时候，把孩子当成出气筒。单身后，你往往需要独自面对生活上的不适，或许你需要很长一段时间来调整。但这些都不能成为你迁怒于孩子的借口。家庭破碎，孩子是最无辜的“受害人”。不要让孩子在承受单亲的痛苦时，还要为你自私的发泄和坏心情买单。

再次，尽可能杜绝偏激的教育方式。离婚后，对孩子过度的溺爱或严厉都容易造成孩子的逆反心理，会让孩子丧失对周围成长环境的安全感。所以，你对待他的方式越偏激，孩子幼小心灵上的负荷越沉重。不妨把他当成普通的孩子，给他积极、健康的教育。

最后，也是最重要的一点。离婚后的父母，不要只顾着赚钱养家或处理家务杂事，而是要多关注孩子的心理变化与感受。更不要让孩子在大人的感情问题之间周旋、强迫孩子作选择。要知道，他是你的孩子。同时，他也是一个独立的“人”，同样会有自己的感受。因此，未来生活的改变，也应尽量以尊重孩子为基础。

幸福的家庭是相似的，痛苦却往往有着不同的版本。不同单亲家庭的孩子，所处的环境、面临的问题各不相同。作为父母，教育不可千篇一律，而是要具体问题具体分析。不管你用什么方式，都要全心全意用你的爱去呵护孩子、关爱孩子！

真心：心真一切真，心假一切假

如果说真情是婚姻的基础，那么真心则是让家庭和谐的保证。真情是指真实的情况、情感。而真心则更注重情谊，不含欺诈或欺骗。有了真实的情感才有婚姻，没有欺骗的婚姻才会和谐。

有句话叫：两人一条心，黄土变成金。夫妻双方同时付出真心，家庭才是稳定的，心假了，一切语言、行为都是假的，此时，夫妻之间还有信任可言吗？

一旦失去了信任，人就会生活在患得患失间，整日提心吊胆，生活毫无质量可言，夫妻之间的感情肯定也在这个过程中消失殆尽，对家人的伤害可想而知。

很多人担心另一半会伤害自己，所以在情感付出方面，是有所保留的。我不禁提出疑问：既然并不完全信任对方，为什么还要和他结婚呢？

婚姻生活中，信任是对另一半最好的鼓励，只有相信对方是真心的，自己才会付出真心，这是一种积极的心理暗示，如果夫妻双方都没有付出真心，对家庭生活百害而无一利。

小 J 与先生结婚多年，在外人看来，他们俩就是典型的“模范夫妻”，互相尊重、信任，脸上总是洋溢着幸福的笑容，看上去比实际年龄年轻五六岁。

小 J 的朋友发现，她在谈到丈夫的时候，总能表现出信任的态度，不论他出差在外，还是单独带着孩子去旅游，用小 J 的话说：“他做事让我很放心，不单是能做到预想的效果，更重要的是，他在做任何事情前，都能顾及家人的感受，不会令我产生丝毫担忧。”

同时，小 J 对家人的感情也是无比真挚的，她的丈夫说：“我太太是个非常细心的人，在照顾家人生活方面，她能够想得很细致。”

“真心”是小 J 与丈夫共同生活多年，对待婚姻的态度，真心付出的人，能够尽量为另一半着想，希望对方开心，长期被这种感情包围，你就会觉得自己非常幸福，看待事物的眼光也就变得柔和，这样一来，整个家庭的生活气氛就会特别温馨。

毫无保留地为另一半付出，本身就是对另一半的信任、对婚姻的信任。不妨让自己的目的更加纯粹些，例如：你想给她买一件礼物，因为你希望看到她开心的样子。这就是你做这件事的目的，不需要太复杂，只是藏于心中最简单的期盼，这样就够了。

婚姻生活中，人们都希望自己的付出能有回报，所以人们常常感觉：我爱他比他爱我更多。

不妨认真留意生活中的细节，或许在你不经意的时候，爱人已经表达自己的感情，只不过你没有发现。

某次，一位朋友说：“我太太性格大大咧咧的，有时候就像小孩子，我不得不去哄她，我总觉得完全是我在照顾她。但是，上周末我去出差前，留意到她的一个举动，就是记下我回程的时间，以前也看她记录过，但是没有多想，这次我翻看了她的记录本，发现上面密密麻麻地记满了我出差的行程，我突然意识到，为什么自己每次回到家，都能看到桌上摆着热气腾腾的饭菜，是因为太太一直关注着我，我的工作性质需要经常出差，她希望我回到家能够立刻得到休息，那一刻，我觉得自己特别幸福。”

很多人忽略了来自另一半极其细致的关心，时间久了，便开始“怀疑”。爱人对你是否有真心，幸福是细水长流的感觉，观察爱人是否用了“真心”也需要用细腻的眼神，一句关心的话、一杯茶、一个拥抱……都是真心的体现，生活就是由一个个小片段组成的。

有些时候，“怀疑”就像存在于心中的“毒瘤”，怀疑爱人是否变心了？怀疑爱人是否有事瞒着自己？你越胡思乱想，这种想法就越容易钻进你的思想中。不妨为自己营造良好的心理环境，只要能真切地感受到来自另一半的关心，就充分信任他，避免杞人忧天。

家庭氛围对于孩子的成长至关重要，父母之间是否用了真心，孩子是能感觉到的，如果夫妻双方无法完完全全地信任对方，总是为了自己那一方的“利益”争执，孩子会认为：爸爸妈妈并非真心相爱，这个家还能维持下去吗？

“真心”相待的夫妻，有共同的希望，在实现希望的过程中，能做到互相扶持，反之，只会想到如何做对自己更有益，时间久了，夫妻间的信任消失殆尽，甚至有可能分道扬镳。

既然有了爱人、孩子，你就与他们形成不可分割的整体，成员的想法会影响整个家庭，“真心”就是让每个人往一处使力，生活才能变得越来越好，这也印证了“夫妻齐心，黄土变金”这句话。

幸福的家庭，是将全家人的心聚拢在一起，当夫妻俩的心朝一个方向时，家就稳定了。家庭中的所有成员，都奉献爱并享受爱的滋润，这样一来，爱就得到了延续。

真诚：至诚无息

《大学》云："成于中，形于外。"真诚是人世间最美好的感情之一，夫妻间保持真诚，感情得以维持，家人之间保持真诚，孩子才能领悟传统美德的意义。

人们常说：家是温馨的港湾，同时是情感的归属。作为灵魂的栖息地，对于夫妻来说，家是保存情感的地方，并在岁月的日积月累中，能让情感得到升华。对于孩子来说，家是成长的摇篮。在这个精神乐园中，成员能够感受到最温馨的关怀。不少结婚多年的夫妻说："很多时候，生活已经平淡到只剩下柴米油盐酱醋茶。"即便如此，都不能忘却夫妻相处过程中的美德：真诚相待。

理解、信任、尊重、宽容，是维系夫妻生活的积极因素，你用什么样的态度对待婚姻，婚姻就会给予你什么样的回报。

某访谈节目，请来一对明星嘉宾，主持人问："你们让爱情保鲜的秘诀是什么？"

男嘉宾说："每对幸福的夫妻，似乎都被问过这个问题，我们俩的答案很简单，就是真诚，用真心对爱人，还要用真诚的态度对爱情，婚姻生活要做到不欺骗，不隐瞒，因为没什么事情是不能让她知道的。”

婚姻是建立在信任之上的，但人心却非常脆弱，尤其是当爱人非常在意你的时候，一旦欺骗了他，会令其格外伤心，甚至变得缺乏安全感。

很多夫妻出现过“信任危机”：翻爱人的手机、电脑、记事本。他们之所以会这样做，就是因为无法真正信任对方。想要改变现状，不是在回家前将通话记录和短信删掉，而是要通过关爱，让对方变得相信自己。

婚姻中，很多人因为害怕受伤，而无法完全做到真诚对待爱人，面对这种情况，不妨问问自己：“是心甘情愿和他结婚吗？”“结婚是否意味着一辈子和他在一起？”“当父母老去，孩子有自己的生活后，他是否会成为你的依靠？”“如果你觉得以上答案都是肯定的，为什么不真诚地对待他呢？”

大多数人本性是善良的，只是缺少爱另一半的动力，总是害怕对方欺骗自己，所以不敢付出。

事实上，你既然已经结婚了，等于将后半生交到爱人手上，对于他也是一样，所以，不要总想着他会怎么对你，而是在对待他的时候，要保持真诚的态度。婚姻中，“付出”并不是丢人的事情，而是增进夫妻关系的重要途径，你的真诚会换来另一半的信任，夫妻俩若能保持这种生活状态，婚姻就能得到“保鲜”。

从心理学角度说，在婚姻中保持真诚能够令你有更积极的生活态度，正因为相信爱情，并且对生活充满希望，所以，你才愿意将正能量传递给爱人，久而久之，你就会沉浸在美好的氛围中。

心情好了，你会觉得一切都很美丽，会将更多注意力集中在爱人的优点上，甚至会忽视他的缺点，这样一来，你便觉得爱人是上天恩赐的礼物，这对保持真诚之心有很大帮助。

心态端正了，人就会变得开朗，能够积极地打造美好生活，对爱人好，用心教育孩子，这些都是“家庭和谐”的助推力，随着家人之间的关系越来越亲密，孩子也会感受到夫妻之前的爱情，一家人的心紧紧贴在一起，才有更幸福的生活。

互敬：敬人是被爱的前提

人们总说，夫妻间磕磕碰碰是常有的，别太在意，第二天就没事了。虽然生活中常有拌嘴、争吵的情况发生，或许不好的情绪一会儿就过去了，但这样的争执毕竟会影响夫妻感情。婚姻中，每个人都想得到更多的爱，其实，“敬人”才是被爱的前提，能够做到互敬互爱的夫妻，才能保持良好的家庭气氛，当你真正做到尊重和关心对方的时候，爱情才能长久。

某次，我和几个朋友一起吃饭，突然有人问老张：“人人都说你和爱人是模范夫妻，我就纳闷了，是怎么做到的？我也很爱我太太，可我们还是会吵架，甚至有时候还会动手，难道你们就没有争吵吗？”

老张看了一眼爱人，平静地说：“结婚几十年了，虽然有过几次小争执，但半天就好了，除此之外，好像真没吵过架，更不要说动手了。”

众人顿时乱哄哄的，一定要让老张说出保持家庭幸福的办法，老张笑笑说：“那算是什么办法，只不过能做到互敬互爱罢了，两个人生活在一起，本就没什么大不了的事情，何必弄得跟仇家似的，只要有包容心，就没什么过不去的坎儿。”

很多夫妻都是因为怀疑对方，而发生争执，甚至还会动手，不要以为事后向另一半道个歉，这事儿就过去了。“怀疑”已经令夫妻之间的感情受到损害，既然你们选择在一起生活，就应当相信爱人，切忌斤斤计较，生活中常会出现有意见分歧的时候，但其中很多都不涉及原则，为什么不能忍一忍，谦让一下另一半呢？

今生能结为夫妻，是你和他有缘，“缘分”要靠几世修行，所以非常不易，你们已经抓住了它，就不能再让它溜走。生活中应当多一份尊重和理解，少一点责怪和猜疑，做到相敬如宾、相亲相爱、相濡以沫并非难事，关键在于你是否是“有心人”。

夫妻要懂得关心对方，以免另一半感觉寂寞和孤独，关心体现在点点滴滴的小事中。例如，一句叮嘱或是问候，给爱人端一杯茶，关注爱人的身体情况、工作和心情，如果他遇到了烦心事，你应当及时安慰和开导他，如果你有好消息，要及时与他分享。总之，关爱可以将夫妻双方的心紧紧连在一起。

而令爱人获得温暖的办法，是尽可能体贴他，你的关心越细腻，爱人越觉得心里有暖流。相反，怀疑会让夫妻间的感情遭到破坏，爱人将会陪伴你一生，难道你都要在怀疑中度过吗？只有把“怀疑”放下，你才能体会生活的美好。

什么是家？就是爸爸妈妈加上孩子，对于你来说，爱人就是你的终身伴侣，再不会有第二个人让你有家的感觉，所以，夫妻间应当做到绝对忠诚，一心一意对爱人，才能拥有完整的爱情。

互敬是维持夫妻和睦的重要因素，婚姻生活中，你能否尊重另一半，决定了你将得到多少尊重，想要拥有美满的生活，同时令孩子有幸福的家庭，就要发自内心地关爱另一半。

配合：做 TA 背后的那个人

人们常说："每个成功男人的背后，都站着一位默默奉献的女人。"在我看来，这句话说得并不全面，婚姻中，夫妻互为另一半背后的人，只有相互扶持，家庭才会幸福。

某次课程中，我邀请几对夫妻学员参加了一个小游戏：默契度大考验。内容很简单，将夫妻二人的腿绑在一起，然后叫他们去前方拿乒乓球，再放到教室后面的筐子里，五分钟之内，哪一对拿的球多，就是获胜者。

那天，共有五对夫妻参加，成绩最好的拿了 25 个球，最差的只拿了 12 个，随后我和他们进行了简单的交流，发现成绩越好的夫妻，生活中配合得越好。

婚姻保持稳定的夫妻，在家庭生活中一定有比较明确的分工，不一定非要是妻子支持丈夫的工作，而出任全职太太。如今很多家庭都是夫妻双方一同工作，也能把家照顾得很好。

夫妻是否能好好配合，关键在于能否理解对方。例如，妻子所在公司近期很忙，同时她还在积极准备晋升考试，这段时间中，丈夫就应当多照顾家里，解除妻子的后顾之忧。

除了理解，你还要给予另一半足够的支持，多鼓励他，切忌打击爱人的积极性，有必要的时候，陪他幻想一下成功后的样子，这样一来，他便会更加自信。

阿华为了升职，申请了去国外进修，这一走就是一年多，他觉得很对不起爱人，她工作也很忙，孩子刚满两岁……

这些天，阿华的心情有些低落，爱人看出来了，说：“你是不是在为进修的事情烦心？”阿华说：“我不想去了，觉得这样对你来说不公平。”爱人笑了：“都30多岁了，还跟小孩子一样，这么难得的机会，哪能轻易放弃，既然我选择了你，就不会成为你的负担，所以不用太担心，我会照顾好家里，这一年，你的主要任务是把工作处理好，我相信咱俩只要好好配合，生活一定会幸福的，我还等着你升职加薪后带我和孩子去国外旅游呢。”

可见，夫妻能保持良好的“合作”，对每一个家庭成员都有好处，相反，家就会像一盘散沙，谁的日子都过不好。

所以，婚姻生活中，夫妻双方都要有大局意识，每做一件事情前，先想想是否对家庭有好处，不能为了逞一时之强，而做了伤害家庭的事情，夫妻应当同心。

夫妻俩的性格不可能完全相同，并且个人优势和劣势也存在差别，既然如此，面对另一半做不到的事情，你需要努力“顶上”，不能责怪爱人，更不能借此“嘲笑”他的短处。

美好的生活离不开夫妻双方的配合，所以，你要用正确的态度面对这件事，“被需要”是幸福的，不要对此有偏见，当丈夫需要你支持他工作的时候，你应当马上站出来，告诉他：“你安心工作吧，家里有我。”当妻子需要你帮助她完成某件事，你也要立刻去做，与其带着不情愿的表情被动地为另一半付出，不如坚定地对她说：“别担心，有我呢。”

包容：金无足赤，人无完人

我常听到人们数落另一半，似乎对方哪儿都不好，全身上下都是缺点。真的是这样吗？还是你只将目光放在了爱人的缺点上？

有句话说得好：金无足赤，人无完人。这个世界上本就没有十全十美的人，这已经成为大家公认的事情，并且在你和爱人结婚前，就已经知道他不完美了，为什么结婚后要因为他的缺点吵架呢？

恋爱的时候，你们对生活充满憧憬，总是幻想着未来的美好生活，而进入婚姻后，生活渐渐趋于平淡，每个人将目光从爱人的优点，渐渐转移到缺点上，这时候，就需要夫妻双方有足够的包容心，“宽以待人”才能长保家庭和睦。

有一天，黄先生刚回到家，就发现妻子的脸色不对劲，问道：“你怎么了？”妻子说：“你还问我？我昨天出差不在家，特意叮嘱你睡前一定要把晒在外面的皮鞋拿进来，你还是忘记了，我今天回家一看，皮鞋被老鼠咬破了，你说该怎么办吧。”黄先生说：“我还以为发生了什么事，不就一双鞋子吗，明天陪你上街买一双。”妻子不依不饶，一会儿数落丈夫没有责任心，一会儿说丈夫没本事，连双鞋子都管不好，怪不得在公司也受不到重视……

这下让黄先生火了，他把杯子摔在地上，说：“不就一双鞋子吗，我昨天加班回来都快十二点了，累得倒头就睡，难道为了它，日子就不过了吗？”

生活中常发生类似的事情，关键在于你如何化解矛盾，否则就会升级成为“家庭战争”。做到包容不单单要理解爱人，还得有适度的牺牲，家是一个讲情不讲理的地方，如果你总是坚持自己的看法，而忽视了对方的感受，夫妻关系就很难维持下去。

包容不是纵容，遇到原则性问题，一定要与爱人讲清楚道理，除此之外，就不能太过计较了。

包容并不是一味地忍让，而是要求你站在爱人的角度，设身处地为他想想，他为什么这么做？可能是由于他从小生活环境特殊，造就了他今天的性格；有可能是因为他最近太累了，工作压力比较大，所以会说出这样的话。了解了他的动机，就容易找到开导他的突破口，如果你能劝说成功，对你们都有好处，如果暂时不行，那就安慰一下他，帮助他调整心态，等到他完全平静之后，再去处理这件事，不论如何做，目的都是为了维持好夫妻关系。

时间久了，包容便成为一种习惯，有些人说：“我总是在包容他，说明我更加爱他。”其实，包容渗透于生活中的点点滴滴，在你不知道的时候，爱人也在包容你，能够这样做，是因为你们相爱，爱是化解一切矛盾的基础，所以，别让爱丢失。

感恩：心存感恩天地宽

今年来，“感恩”一词总是被人们提及，但却很少有人觉得，夫妻之间也应存在感恩之情。

大多数不幸福的婚姻，都是因为夫妻俩总是想着自己，认为自己的想法是绝对正确的，另一半应当无条件关心自己，时间久了，夫妻俩的矛盾就会增加，甚至出现离婚的情况。

这是一种思想误区，人在任何时候都要怀着一颗感恩的心，婚姻生活亦是如此。懂得感恩，能够让你们的心靠得更近，你的一句“感谢”，会让爱人心中充满温暖。

有一次课程恰逢西方的感恩节，于是，我特意增设一个环节：对你的家人说一句感恩话。

大家纷纷站起来，把心里话统统讲出来，令我很欣慰的是，几乎所有学员都感谢了爱人，有的说：“谢谢你给我这么温暖的家，我开心的时候，你陪我一起开心，我不开心的时候，你努力让我开心。”还有人说：“谢谢你让我有这么好的生活，你上班很辛苦，压力也很大，但你一个人把痛苦和担子扛起来了。”也有人说：“老婆，我工作必须经常出差，但是你从没有抱怨什么，白天要上班，晚上还要照顾孩子，我觉得自己很幸运，谢谢你！”

一串串温馨的话，连我都感动了，我相信这些家庭都是非常幸福的，因为他们懂得感恩。

然而，感恩不单单是嘴上的一句话，更要用心去体会，用行动回报爱人的关心，感恩不需要做惊天动地的大事，只要让另一半觉得温暖贴心就可以了。

睡前，爱人帮你冲了一杯牛奶，不妨说一句“谢谢”；天冷了，叮嘱爱人多穿点衣服；自己生病了，爱人一直在身边照顾，等到身体恢复，为他做一桌可口的饭菜……

感恩会令婚姻更加有声有色，当你和爱人出现矛盾的时候，应当多想想他对你的关心，这是避免冷战和争吵的最好办法。

一对金婚夫妻说：“好的婚姻会让夫妻俩活得有尊严，而想要在感情中得到更多尊重，关键在于你要带着感恩的心，只有这样，你们才活得有价值，并越来越离不开对方。”

不要总说对方不会“感恩”，你要从自己做起，对另一半心存感激，让他体会获得感恩的愉悦，时间久了，家庭就会充满感恩的气氛。当夫妻之间有了感恩，就会养成淡泊的心态。懂得“予人玫瑰，手有余香”，将这一条人生哲理看成指点迷津的“明灯”，就会在婚姻生活中保持宽厚仁爱之心，今后若是再遇到矛盾和分歧，就能以淡定的态度面对，保持冷静，及时解决问题，保障家的团结。

修养：做好五伦八德

所谓五伦，是指“君臣、父子、夫妇、兄弟、朋友”，所谓八德，是指“孝、悌、忠、信、礼、义、廉、耻”，这是人伦之道，是中华传统文化的精髓，做好这些，才算是有修养的人。

人的一生，要经历很多角色，不论你是谁，都要做有道德的人，这是形成修养的基础。从婚姻的角度看，你的修养越高，婚姻幸福的可能性越大。

前几天，我和朋友聊到维系夫妻关系的要素，朋友说：“谁的修养高，就能维系好婚姻关系。”

有一朋友的女儿25岁，到了找男朋友的年纪，女儿问他：“爸爸，您觉得什么样的人才算好男人?”朋友说：“首先，你要看对方的人品，虽然如今很少将‘五伦八德’说出来，但我觉得十分有必要，一个能孝顺长辈、与兄弟姐妹相处融洽、在朋友中间有很好口碑的人，人品一定还不错，等到你们将来成立家庭，这些优点对维系你们的关系也很重要，反过来说，没有修养的人，以后也过不好婚姻生活，万万不能与后者交往。”

我觉得他的观点很正确，拥有较高素质，品德良好的人，在婚姻中也会有很好的表现，能够体谅另一半，关心爱人和孩子，及时化解夫妻间的矛盾，并成为孩子的榜样。夫妻和孩子构成了家，如果他能处理好方方面面的关系，对任何人都报以真诚的态度，他一定可以让身边的人幸福。

人的修养是慢慢练就的，想要有一份幸福的婚姻，就必须让自己有更高的修养。结婚之后，你不仅要孝顺自己的父母，还要对爱人的父母尽孝心，双方老人晚年生活幸福，你们的小家庭也会更加舒心。

同样，对待自己和爱人的兄弟姐妹，都要一视同仁，用真诚的态度和他们交往，如果需要你的帮助，应当竭尽全力，兄弟姐妹间互相关心，也有利于小家庭的幸福。

对待朋友，也要有正确的心态，你的人际关系越好，事业运和家运会越昌盛，所以，这同样值得你关注。

想要维持婚姻的幸福，必须在婚姻中保持较高的修养，切忌蛮不讲理、无理取闹，要理解对方的难处，用宽容的心对待他，一味索取的婚姻不会长久，互相关爱才是最重要的。

和另一半相处，要保持一颗真心，不能欺骗和伤害对方，要尽力保护好你们的婚姻，家才会保持稳定，父母的修养会给孩子形成榜样，这样的家庭教育才算成功。

生活上给予另一半支持，会让他们有更好的心态面对工作，对爱人来说，你已经成为他的精神支柱。

修养体现在生活中的方方面面，不论对谁，都要表现出关爱、真诚、理解和包容，你能够与父母、兄弟姐妹、朋友相处得好，就能够与爱人相处得好，反之，你便无法拥有美满的生活。人与人之间的感情是要经营的，无法做到这一点，你的人生将会有很多遗憾。

不妨让自己更加优秀，不断提升修养，让身边的人，因为你而生活得愉快，你身上的美好品质也终将影响孩子，家庭便有了希望。

齐家：家是齐的，而不是治的

儒家思想中，有“齐家治国平天下”之说，讲的是要处理好家庭关系，才能处理好与其他人的关系，最终治理好国家。

既然“治国”的前提是“齐家”，那么，你要如何做，才能实现这个目标呢？

首先，要提升自己的实力，包括能力和品德。如果连你都不优秀，何谈让家庭保持和睦呢？正因为你是家庭中的一员，所以要先做好自己，再影响家人。

某次，我与一名学员交谈，他说："我和爱人经常吵架，虽然我们的感情基础不错，但是总这么吵，早晚有一天，家要被吵散了。"我打量了他，问："小伙子，你很年轻，有孩子吗？"

他说："正准备要孩子，就是为了改善夫妻关系，才来上您的课，我和爱人都是火爆脾气，我准备先从自己改起，这样对待事物的态度就不一样了，她也会被我感染，等我们有了孩子，就会有一个稳定温馨的家。"

可见，做到"齐家"的前提，是你自己要有正确的态度，你的思想出现偏差，就会给家庭带来很多不稳定因素，"定时炸弹"多了，谁都会害怕。

其次，对家人要宽容，用正确的方式帮他们解决问题，并将积极的力量传递给他们。很多人说："当我对家人苛求的时候，自己也会感到难受，只是控制不住自己。"长期生活在一起的人是有感情的，你责备他们的同时，自己的情绪也会变坏。既然如此，不妨多包容家人，避免将"小事"变成"大事"，甚至演变成家庭战争。

想要帮助家人提升修养，就必须用正确的方式，对待他们已经出现的问题，除了用行动表明观点外，还要进行适度沟通，在双方都心平气和的基础上，谈谈你的想法，总而言之，要用对方能够接受的方式。

例如，你觉得妻子总是闹小脾气，让自己有些受不了，你可以和她这样说："夫妻之间偶尔打打闹闹是不会伤感情的，甚至可以增加生活情趣，但是你总是无缘无故地闹脾气，就会有损家庭和谐，我工作一天很辛苦，压力特别大，你也是，为什么不能让自己保持心态平和呢？更何况，你经常发脾气，对自己的身体也不好，所以你应当克制自己的情绪。"如果你们有孩子，还应当将对孩子影响说出来，毕竟父母的脾气不好，是会对孩子造成负面影响的。

如果沟通是有效的，妻子可能会说：“我也知道这样不好，但是我总不能克制自己。”既然她有心想改变，你就帮她找一些有用的方法，让她试一试，这个过程中，家庭和睦指数就会不断上升。

由此看出，“齐家”是在改变自己的基础上，用积极的力量感染家人，让全家人都向好的方面发展。只有当你们都拥有优秀的素质，夫妻关系才能长期维持在正常水平，夫妻关系越稳定，对孩子的心理发育越有利。更重要的是，这样就能够将中华民族最优秀的美德传递给孩子，这才是家庭教育的力量。

PART 3

做成功的父母，培养优秀的孩子

第七章

成功其实就这么简单

正直：成就大业的根本

对于想要成就大业的人来说，正直是不可或缺的品质，没有担当的人，是不会被委以重任的。如果你拥有足够的责任心，不论对人对事都保持真诚的态度，做事严谨仔细，有大局意识，就会成为值得信赖的人，就能建立属于自己的工作团队。

那么，如何做个正直的人呢？

首先，要有正确的价值观，能够明辨是非，并坚持做对的事，不与奸诈狡猾的人同流合污，即便后者会令你在短期内获得收益。

能够成就大业的人，靠的不是小聪明，而是实力和人格魅力。人们希望和正直的人共事，原因就在于这类人“很靠谱”，能够把心思放在事情上，而不是想着用投机取巧的方法获利，甚至做违法乱纪的事情。

其次，要敢于担当，并保持诚信，设身处地为他人着想，切勿贪恋一己私利，以免被孤立。

当你选择做正确的事情，并坚持这个想法时，就会有人愿意跟随你，等到队伍越来越壮大，就形成自己的团队。身为核心人物，你想将它带到什么地方，取决于你的做事态度。如果出现问题，你要主动担负起责任，不要将错误推给别人，多从自己身上找原因，同时多为其他人着想，时刻记住你们是一个整体，应当荣辱与共，不能丢下任何一名成员，也不能在中途放弃。

老李是一家酒店的老板，虽然酒店开在县城，生意却非常火爆，客人们说："在这里吃饭，放心。"员工们说："跟着老李做事，放心。"

有一年，老李的爱人生病，几乎让他花光了所有积蓄，员工担心酒店是不是不开了，或是会扣他们的薪水。

没想到，老李并没有转让酒店，同时员工的薪水也一分未少。过年的时候，老李给他们拿来奖金，大家坚持不要，说："您对我们真是好得没话说，但这钱我们不能要，老板娘还在医院治病，孩子也在上高中，家里用钱的地方多。"老李硬是将钱放到他们手里，说："再困难，我会想办法，你们当中很多人老家很远，全家也就指望你们挣的这些钱，谁家都困难，只要大家一起克服，就没有过不去的坎儿，你们是我的员工，我就要对你们负责。"

几句话说得大家热泪盈眶，从这以后，员工上班更加卖力，为了让老李安心照顾爱人，他们尽力维持酒店的运营，时间长了，大家就像一家人。

一个正直的人，能够在任何情况下，顾及团队成员的利益，这是保持凝聚力的关键。有些人说：“这个社会太复杂，你想做正直的人，却不一定能被别人重视。”这个观点存在误区，社会永远是复杂的，但积极的态度和正能量向来被人们歌颂，不正之风会令人觉得失望、疲惫，这时候，如果你能坚持做正直的人，便会带来眼前一亮的感觉，从而吸引更多人靠近你。

“正直”是令你创造昌盛家运的前提，正因为坚持做正直的人，才有被别人信任的可能，从而创建大团队。不论什么时候，“正直”的品质都会给你带来好运气，所以说，它是你必须要坚守的东西。

教养：高素质带来好环境和好家教

我曾对学员说：“用十年或是一代人的时间，就能培养一名富翁，想要造就一位圣贤，却要动用三代人的努力。”可见，良好的家庭教育是令孩子拥有教养的前提，从这个角度说，身为父母的你，必须具备较高的素质，否则，就很难教出有教养的孩子。

那么，你要如何做，才能实现自我约束呢？

首先，用心关怀别人，博爱是有教养的前提。不论生活还是工作，你都要学会站在对方的角度考虑问题，多问问自己：“我这么做，对别人有什么影响？”不要把所有注意力集中在自己身上，以免变成自私的人。

有教养会在点滴小事中体现出来。例如，你要讲信用、守时，与他人约好去做一件事，就应当把期间可能出现的情况都想清楚，早早准备好，尽量别迟到，以免耽误对方的时间。

和别人交流的时候，要认真倾听，不能随意打断他人说话，也不能强行让对方按照你说的去做，每个人对事物的看法不同，你越强求，越令人难以接受。

某次课间休息时，我看到一位妈妈正在和孩子交流，大人刚说两句，孩子就打断他的话，并开始撒娇，手上还拿着玩具。

这时候，妈妈表情很严肃，用严厉的语气说："把手上的东西放下，然后看着我的眼睛，听我把话说完。"孩子见她生气，有些害怕，马上照着她的话做，并站直了身体。

妈妈说："你要做个有教养的孩子，才会被别人欢迎。有教养体现在很多地方，认真听别人说话是其中一方面，要做到全神贯注，不能和别人'抢话'，耐心地听对方说完，如果你有要补充的，听别人说完就可以说了。"

虽然孩子才五六岁，这位妈妈却没有过分溺爱，而是对他的不良行为进行纠正，意在将其培养成有教养的人，在孩子年纪尚小的时候进行培养，有助于他早日形成良好的品德，会让他终身受益。

其次，要学会尊重别人，不能因为自己在某些方面比较优秀，就歧视别人，尤其不能歧视身体有缺陷的人。

如今，不少人因为工作能力突出，或是生活条件较好，就刻意轻视别人，总是觉得自己高人一等。每个人都有长处，也存在弱势方面，你不能拿长处与别人的短处比，即便你已经非常优秀，也要保持对他人的尊重，做到"敬重长辈、爱护晚辈"，如果有能力，要尽力帮助他们，如果做不到，也不能伤害他人。

我们常看到身体有缺陷的人，他们已经很痛苦了，所以要加倍关心这类人，在不伤害对方自尊心的基础上，多给予一些关怀，富有同情心也是有教养的表现。

此外，你还要保持谦卑的态度，做个虚心的人，不能因取得了成绩而骄傲，甚至不把别人放在眼里，古人说：三人行，必有我师。你的态度越谦虚，别人越愿意将经验传授给你。

想要培养出优秀的孩子，父母是否具备高素质至关重要，家运昌盛离不开每一个成员的努力，当所有人都向着更高目标进发的时候，“家”才越来越兴旺。

支持：家永远是你停靠的港湾

不论我们走得多远，飞得多高，家人始终在牵挂我们，关心我们的身体、心情，想要知道我们过得好不好。有了成绩，家人为我们祝贺，遇到困难，家人为我们排忧。几乎所有人在提及家人的时候，心中都是暖暖的。在我们小有成绩之后，别忘了是家人一直在默默支持，所以我们要将家人放在心里最重要的位置上，尽全力让家人开心快乐，因为家永远是我们停靠的港湾。

遇到烦心事，你可能会忽视家人的感受，甚至会用粗暴语气和他们说话，如果出现过这类情况，你应当在冷静后，向家人道个歉。不要觉得家人会无条件承受你的喜怒哀乐，他们也会面临各种压力，也会有累的时候，他们向谁诉说呢？

一次、两次的伤害，创伤可能很快会被抚平，但次数多了，家人就有可能被你伤透了心。所以，不要因为自己心情不好，就将脾气撒在家人身上，他们这么爱你，你忍心看他们难过吗？

戴维下班回到家，看见妻子已经做好了饭，于是，他俩便一起边吃饭边聊天，妻子说："我今天看新闻了，北方下大雪，你们公司的销售量是不是会受到影响？"

这句话让戴维头疼，今天老板刚训话说，公司近期效益不佳，让他们一个个都打起精神。没想到，白天被老板说得已经烦死了，晚上妻子又说这个事，他把筷子一丢说："你懂什么，不懂还总是问。"

没想到丈夫是这样的态度，但她知道，丈夫是工作压力太大了，于是安慰他："我随便问问而已，就是不懂才要请教你嘛，你是不是太累了？等会儿吃完饭，我们去楼下散散步吧。"

戴维把碗筷往桌上一砸，站了起来："大冷天还去散什么步？这段时间老板天天找茬，公司效益也不好，你能体会我的压力吗？本想回家休息休息，结果你又问，是不是嫌我不够累啊。"

说完就走进房间，并把门重重摔上，妻子一动不动地坐着，眼泪禁不住流了下来，心中默念：我知道你压力大，所以很想关心你，这也有错吗？

其实，在你没有察觉的时候，爱人正默默地关心着你，如果这样还会被你伤害，他们的心里该多难受啊。

然而现实是，越关心你的人，越容易被你忽视，甚至会因此受到伤害。当你心情不好的时候，不妨先找个无人的地方，让自己安静下来，等到情绪稍稍平复，再去和家人谈心，就会更加容易接受他们的关心。此外，当你平心静气地与家人坐在一起说话，大家就能理性地看待问题，并且展开讨论，全家人共同解决问题也会增加你们之间的感情。

爱是构成“家”的情感基础，你不仅要会接受来自家人的关爱，还要为他们付出，当家人遇到困难时，你应当尽力安慰、开导、帮助他。有时候，对方可能深陷某种不良情绪，难以自拔，你要找出最合适的方法，为他排忧解难，而不能表现得不耐烦。

孩子是父母的爱情结晶，也是全家人的希望，你应当多与孩子交流，听听他的想法，记录他成长的每一步。当你觉得疲惫，或是想要放弃的时候，回头看看孩子，你是他的依靠和榜样，怎么能轻言放弃呢？这就会令你瞬间充满力量，并为这个家而努力奋斗。

既然家是最温馨的港湾，就要努力维持家庭的和睦，“港湾”才能风平浪静。当你与家人的意见产生分歧时，应当找个合适的机会，与大家进行沟通，而不是肆意争吵，这不仅无法解决实际问题，还会伤害家人之间的感情。

生活没必要处处斤斤计较，谦让会令家庭气氛更和睦，家运昌盛，你才有更多精力去搞好工作，孩子才能有良好的成长环境，所以，为了你的家人，积极改变自己吧！

努力：要有勇于奉献的精神

现如今，似乎所有人都很忙碌，生活于快节奏中。人们总在为了生计而奔波，“努力工作”成为人们的口头禅，但是，你真的用心工作了吗？

有人说：“我很努力，每天工作八小时以上，甚至偶尔加班到凌晨。”工作时间长，就代表你很努力吗？这个观点太片面了，真正努力工作的人，会通过不断思考，从而提升效率，并让结果更令人满意。

想要让家运昌盛，你的工作情况非常重要，如果没有好好工作，甚至丢了“饭碗”，你凭什么为家人创造好的生活，如何给孩子一个稳定的家？可见，用心工作是履行家庭责任的基础。

某次，我受邀给一个公司做培训，路过“总经办”的时候，发现超过一半的员工在上网，浏览的内容五花八门，只有小部分人在做事。

上课时，我问他们：“日常工作一般在几小时内能完成？”大部分人都表示，业务熟练后，基本上半天时间就能完成工作。

我又问：“剩下的时间都去干什么？”员工说，既然他们能够用 5 小时完成工作，剩下的 3 小时就可以自由支配，所以，不论他们上网还是打毛衣，都不应受到老板约束。

我就告诉他们：“我和你们站在同一立场，完成了工作就可以做自己的事情了，但为什么不选择去学习呢？去向有经验的人学，去思考如何令工作更加出色，去和同事沟通……这些事情都会令你们进步，可能短时间内不会有效果，但形成习惯后，你的工作能力一定会有所提高。”

不要觉得工作了，你就能抛弃“学习能力”。衡量一个人工作是否用心的重要标准，就是看他有没有一颗学习的心，只有不断学习积累能量后，事业才有机会“爆发”，万不可过着“做一天和尚，敲一天钟”的日子。

很多人觉得现在的工作不是自己要的，他们不想做平庸的人，不想每天做着重复的事情。能够改变这一现象的人，只有你自己，尽管你的工作内容就是复制前一天的事情，你也能从中找到可以改进的地方。

所以，不要再浪费时光，而是将时间花在如何提升工作能力上，这才是真正的“努力”。此外，别太计较同事做得比自己少、老板将更多工作丢给了你，从另一个角度说，你得到了更多学习和实践的机会，与其带着不良情绪去上班，不如让自己放松下来，以较好的心态面对工作，你做得越多，得到的经验也就越多，它们是能够跟随你一生的财富。

用心工作的人最努力，你多奉献一分，得到的经验就多一分。工作不但能让你得到报酬，还会增加你的社会责任感和实现人生价值，这些有助于提升你的家运，爱人、孩子因你的工作能力而感到骄傲，更重要的是，你给孩子做出了表率，激励他更努力地学习。

交际能力：成功90%取决于人际交往能力

某位成功学大师说过：“一个人的成功，90%取决于他的人际交往能力和互动能力，10%取决于这个人的智商和个人能量。”

可见，良好的交际能力是获得成功的重要因素。交际能力与人的性格、习惯、态度、学习能力等息息相关，想要与不同性格的人都保持良好关系，并且发展知心朋友，就必须让自己变得更优秀，抛弃不良习惯，让自己更合群。

试想，你更喜欢与什么性格的人交往？很多人会说，随性、幽默、豁达、性格阳光的人，既然这是大家公认的，就说明，如果你也具备这些，就有可能拥有好人缘。

与人交往过程中，懂礼貌是最基本的素质，不管见到谁，都要热情地打招呼，你的态度会感染别人，令大家都活跃起来。

当然，举止大方、说话得体也很重要。有些人喜欢开玩笑，这确实能让气氛轻松起来，但开玩笑也要有分寸，以免因不得体的话而伤害到别人。

说到我的朋友圈，不得不提及一位“神人”，说他“神”，是因为这个人总是一副乐呵呵的样子，讲话很幽默，常逗得大家哈哈大笑，并且他很善良，从不伤害朋友。

有人说：“他就像个太阳，要是谁遇上烦心事，找他解闷准没错。”

也有人说：“他是值得我交往一生的朋友，很讲义气，说话也挺有意思。”

一般情况下，他能与身边所有人保持良好关系，除了讲话幽默、语言大方得体外，他也是个非常有涵养的人，如果你难过，他会安慰你，如果你开心，他会鼓励你。如果要我评价他，我会说：“他能让身边人感觉轻松、愉快，他很风趣，但不轻浮，总是一副精力充沛的样子，给大家带来很多正能量。”

可见，你的生活态度越积极，朋友就越多，只有当身边的人因为你而感到轻松，他们才会被你吸引。

你可以将“做事果断”和“犹豫不决”的人作对比，就会发现前者的朋友明显多于后者，因为他们的精神状态更加饱满，别人才愿意与他们交往，也就是说，你不断提升综合素质的时候，交际能力也在增强。

前几天，一位学员向我抱怨，说他无法和同事、朋友、家人搞好关系。

我大致算了一下，整个交流过程，他至少用了三分之二的时间在发牢骚，说自己的压力如何大，家人不理解自己，朋友也不带他玩……这位学员最大的毛病就是喜欢发牢骚，总是在别人面前喋喋不休，搁谁谁也受不了。

由此看出，喜欢说消极语言的人，总是很难交到朋友，相反，你多说一些赞美的语言，就会令别人刮目相看。微笑会给你带来好运气，这也是提升你交际能力的因素。

让别人知道你很重视他，是维持良好交际能力的基础。卡耐基说："记住对方的名字，并且叫出来。"如果你把人家当朋友，见面后就不要"哎哎哎"地叫，而应当主动叫他的名字，表明你很重视他。

你能保持良好的关系网，对提升家运有很大帮助，也会令孩子意识到人脉的重要性，想要做到这一点，你还需多磨炼性格，培养优良的个性。你在某些方面越突出，别人越愿意和你成为朋友。这个过程中，保持敏锐的观察力很关键，比如，朋友遇到了难处，但他不便开口，此时，如果你可以给予适当帮助，或是安慰，就会在对方心里形成暖流，增进你们的情谊。

所以，通过不断提升人际交往能力，可以令你的人脉网更稳定，这样一来，你就会掌握更多资源，并合理利用资源，创造骄人成绩。下一章我们重点谈讨如何成为一名交际高手。

第八章

平衡多重关系，成为交际高手

怎样处理人际关系?

什么是好的人际关系？简单地说，就是让别人喜欢你。大量数据表明，越是有“好人缘”的人，生活越幸福，原因便在于他们能让身边的人都感到幸福和快乐。

想让别人喜欢你，愿意与你交往，甚至成为一生的朋友，肯定需要一些方法，具体该如何做呢？你可以参考我的以下观点：

第一，替别人着想，切忌以自我为中心。

常以自我为中心的人，会给别人留下自私的坏印象，导致没人愿意和你做朋友，反之，如果你能设身处地为别人着想，就会把朋友吸引到身边来，此时，大家会觉得你“很靠谱”。

工作的时候，要以大局为重，才能和同事保持良好的关系，在团队意识越来越强的今天，谁能融合好团队关系，谁就能受到别人的尊重。取得成绩时，要与别人分享，切忌处处表现，越想出风头的人，越无法处理好与同事的关系。

不论同事、朋友，当他们需要困难的时候，你要尽可能帮助他们，每个人都有可能遇到挫折，你帮助别人的同时，也在为自己“积德”。

在处理家庭关系的时候，也要注意为对方着想，不能因为和他们的关系很亲密，就随意说出中伤他们的话，或是一味要求家人为你付出，而不管他们的感受。

如果人人能做到为爱人、孩子着想，家运就会昌盛，而幸福美满的家庭，又是你最坚实的后盾。所以，你要把家人放在非常重要的位置，尽可能好好照顾他们。

第二，主动和别人交往。

现如今，人们好像越来越不敢主动交朋友了，大多数人喜欢低头看手机，却很少抬头交朋友，长时间这样，性格会变得孤僻，越来越不想与别人交往。

改变这种状态的最好办法，就是马上把手机放回口袋，然后整理好着装，主动与别人打招呼，形成习惯后，就不会再胆怯了。

小毛是个典型的“90后”，喜欢玩手机、上网，长时间让自己沉溺于虚拟世界中，很少主动与别人交往。某次，他一边等地铁一边玩手机，抬头的时候，发现不远处站着一位漂亮姑娘，“真美！”小毛在心里喊道，但是他不敢主动上前打招呼，只能眼睁睁地看着姑娘上地铁，走了。

这件事对小毛的触动很大，他觉得自己太不爱和别人交流了，上班时，只要没有必要，他很少主动与同事沟通，下班后就宅在家里，交际圈很窄，没有什么朋友。

他决心改变，每天上班前，都会对着镜子微笑，并大喊三声：“我真棒!”希望以此给自己增加信心，当工作遇到困难的时候，他开始主动和同事沟通，这让小毛对之前的状态“后悔”不已，因为沟通能让工作变得顺畅很多。

几个月后，小毛再次遇见了那个姑娘，他鼓起勇气上前打招呼，姑娘也很大方地回应了他，后来，他们成了恋人。小毛说：“想要保持良好的生活状态，就必须主动和别人交往，才能收获亲情、爱情、友情。”

值得一提的是，很多人在处理与家人的关系时，也很难做到“主动”，例如，与爱人争吵后，总等着对方找你和解。有些人说：“我也想尽量与他和好，但是我比较爱面子，和解的话不知道怎么说出口。”

如果每次都等待对方找你和解，你就会形成习惯，一旦对方没有这么做，夫妻关系就容易陷入僵局。

不论处理家庭还是其他关系时，你都要主动一些，让对方感受你的热情。要是你们之间发生了争执，或是出现沟通障碍，你不能等着别人来解决，同样需要主动出击。

第三，说大家感兴趣的话题。

想要保持良好的人际关系，就必须令别人感到快乐。例如，某位同事喜欢篮球，但你总和他讨论影视明星，对方还会愿意与你继续交谈吗?

可见，说大家感兴趣的话题是非常重要的，有助于保持良好的气氛，当你积极参与其中，别人就会愿意把你当朋友，因为他们会觉得和你“聊得来”。

处理家庭关系亦是如此，全家人坐在一起吃饭、喝茶的时候，说点大家爱听的，就能把气氛调动起来，谁不希望家里热热闹闹，每天充斥着欢声笑语呢?

第四，学会欣赏别人。

很多人之所以无法保持良好的人际关系，是不懂得欣赏别人，总以为自己是最优秀的，时间长了，就会令人生厌。

如果能学会欣赏别人，彼此的心就能更靠近一些，因为欣赏是从内心深处散发出来的。多关注别人的优点，不要拿自己的优点和别人的缺点相比较，渐渐地，你就会发现，每个人都存在优势，都有值得你学习的地方，只有这样，你才会放低姿态，用真心去交朋友。

人总是群居的，既然如此，就少不了要处理和身边人的关系。工作的时候，能够与同事保持良好沟通的人，会做出更好的成绩；家庭生活也常出现磕磕碰碰，如果能尽快化解家人之间的矛盾，就能避免争吵，而良好的家庭气氛，又是令你保持好心态的重要基础。

此外，与朋友交往的时候，也要注意方法，多多换位思考，以免因个人主义突出，而失去了朋友。

与人交往重在吸收他人优点

与他人交往，并不是毫无目的的，而是要重点关注对方的优点，看看哪些是值得自己学习的。

我曾问学员："你们如何与他人交往?"有人说："我和朋友在一起，就是吃吃喝喝，图个开心。”也有人说：“和同事在一起主要讨论工作上的事情，下班后便各自回家。”

其实，不论你与谁交往，都要认真“审视”对方，做到取长补短，你的人际交往活动才有意义。

和家人在一起的时候，往往最难发现对方的优点，因为互相太熟悉了，所以很少去思考这个问题。

某次互动课上，我问一个小学员：“你觉得爸爸妈妈身上都有哪些优点?”这么简单的问题，却让一个15岁的孩子想了很久。可见，我们虽然和家人在一起的时间最多，却最容易忽视他们的优点。

不妨暂时忘记你们的关系，而是以“朋友”相称，你就能站在客观的角度思考问题，也更容易发现家人的优点。

和朋友交往的时候，不能只顾着“寻开心”，还要思考朋友身上有没有值得自己学习的地方。

我曾注意过一位叫杨辉的学员，第一次来上课，他就记住了所有同学的姓名，第二次上课，他与大部分同学交流过，第三次，他找出了几位值得交往的同学。

我问他为什么要这样做，杨辉说：“我要以最快速度认识他们，这样我就有时间去找能够成为‘朋友’的人了。”

在他看来，先认识这些同学，就能对他们有大致了解，主动与对方交流，是为了有比较深入的了解，这个过程中，他会“筛选”出比较优秀的人，杨辉愿意与他们交往，是因为能够从这些人身上学到更多东西。

良好的人脉是事业成功的助推器，很多人因此广交朋友，却忽视了一点，你应当有“选择”地交朋友，既不能盲目，也不能懒惰。

有人说：“应该和能够对自己有帮助的人交往。”虽然这句话说得不全面，却能直接地表达出“核心思想”：交朋友要看对方的长处，并且学习这些长处，从而令自己更优秀。

想要学习别人的优点，就必须多观察，尤其不能放过细节，你观察得越仔细，收获越大。

某次，我去朋友家里做客，聊到一半的时候，他起身拿来了电扇，我说：“不麻烦了，不怎么热。”他却笑：“别客气呀，你头上都有汗珠了。”他是个非常细心的人，也愿意为别人着想，一旦发现问题，便很快去寻找解决办法。

除了仔细观察，你还要对别人的言行进行分析，才能得到想要的东西。有些人说话很含蓄，如果不思考，就无法得知他真正想要表达的含义，有些人做事能够“一箭多雕”，没有经过思考，就无法了解得很全面。

了解了别人的优点，接下来要做的，就要像向他学习。例如，你发现某位同事做事很严谨，工作几乎没有出现过什么错误，原来，他总是先做比较紧急的事情，一般会提前完成，然后留一点时间检查，对于比较重要的工作，他甚至会检查好几遍。既然知道了他是怎么做的，你也可以按照他的方法，对现有的工作习惯进行纠正。

除了学习别人的做事方法，你也可以学习其他东西，例如：品德、涵养、态度、精神等。假如，你是个容易半途而废的人，就要主动和能坚持不懈的人交往，让自己在他们的影响下，逐渐养成良好的习惯。

如果你很容易消极，就要和积极的人做朋友；如果你容易急躁，就要和淡定的人交朋友；如果你考虑问题不全面，就要和做事细致周到的人交往。总之，与性格互补的人交朋友，会接收更多正能量，令你变得更强大。

此外，你还能从家人身上学到很多东西，但有些人却不以为然：“我只遗传了父母身上的缺点，他们的优点一样也没遗传给我。”我们大可将它看成一句玩笑话，你完全有可能学到家人身上的优点，没做到的原因是：人更容易被“传染”缺点。

一个人若是能学到别人身上的优点，就可以让自己进步得更快一些，与朋友交往的过程也更加有意义，父母在这方面做得好，同样会令孩子有所意识。值得注意的是，家人之间相互学习，能让彼此更加靠拢，对增进你们之间的感情也有很大帮助。

如何得到领导赏识？

谁都想得到领导的赏识，哪怕只是一句简单的表扬，都会令你开心好半天。因为“赏识”是“重用”的前提，领导越欣赏你，说明你的发展空间越大。

有人片面地以为，只要会“拍马屁”，就能得到领导的赏识，说不定还会对你升职加薪。我不禁要问：“既然拍马屁的好处这么多，你怎么不去呢？”可见，想要得到领导赏识并不是那么容易的，就算是“拍马屁”，你也得“对准了”，别一不小心拍到了“马腿”上，可会让你吃不了兜着走。

任何时候，领导都需要工作能力强的部下，这不是你两张嘴皮子能“拍出来”的，而要有扎实的功底。例如，专业知识、技能、经验等。所以，保证自己能出色完成工作是至关重要的。

其次，领导还会看你的态度，你是否用心工作，有没有坚持学习，都将成为领导考验员工的重要因素。

某次，一位企业家对我说："我欣赏两种人，态度端正和肯学习的人。"我问及原因，他表示，态度端正的人，做事会非常认真，不必担心他能否完成工作，而肯学习的人，工作能力会不断提升，不必担心他是否能出色完成工作。他继续说："选择员工的时候，这两类人是我的首选。"

领导为了让团队保持和谐，所以非常看重员工的性格，不要觉得自己有些"小聪明"，或是教育背景良好、工作经验丰富，就能领导的赏识，你的性格"不合格"，照样会被"踢出去"。

此外，你的人际交往能力也非常重要，得让领导觉得：和你一起工作，会令他感到轻松愉悦，而不是有沉重的压力。

要想得到领导的赏识，首先，你要去了解领导的性格、习惯和喜恶。例如，你的领导是个五十多岁的中年人，不会使用电脑，而你总是和他说与上网有关的事情，对方肯定不愿意听，甚至你还总是把工作记录在电脑上给他看，他当然会生气，认为你没有尊重他。

了解了领导的性格和习惯，就应避免做他不喜欢的事情，并去研究他喜欢的事情。例如，你的领导很喜欢硬笔书法，你要对此进行一番了解，在适当的时间，和他聊一点有关硬笔书法的话题，会令你们的关系增进一大步。

其次，把领导心里的话"说出来"。虽然他们是管理者，但也有说不出的烦恼，在他无法解开心结的时候，你能为其"排忧解难"，领导肯定会对你赞赏有加。

例如，公司近期的业绩不佳，领导被他的老板责骂了，你看出他很郁闷，于是找机会安慰他：“您这么尽心尽力，老板还责备您，实在太误解您了，我每次加班后，都会看到您办公室的灯还亮着，您这么辛苦，一定要保重身体。”听到这些，领导一定很欣慰，因为他觉得只有你能理解他，时间久了，就会把你看成工作上的“伙伴”。

想要得到领导的赏识，不能简单地以为，只要多说些好听的就可以了，要真正成为对方工作上的帮手，不论是为他创造业绩，还是保持良好的关系，目的都只有一个，让领导觉得：你是最可靠的。当然，前提是你的领导首先要是一个正直善良的人，如果是一个品行不好的人，得到他的赏识等于自己也同流合污了。

如何得到部下的信赖？

身为领导，必须得到部下的信赖，否则就带不好团队。部下出于对你的信任，愿意跟随你的脚步，并且觉得你是可靠的，才愿意为你创造成绩。那么，你要如何做，才能让自己的团队有凝聚力呢？

首先，要设身处地为部下着想，他们的现状如何，存在哪些困难？管理者多半将大部分时间放在如何进行自我提升上，忽视了对部下的关怀，对他们不够关心的结果，就是团队的人员流失率不断上升。

不妨多抽点时间关心部下的工作和生活，可以采取讨论的方式，让大家自由发言，能够马上解决的，就在第一时间讨论出解决办法，并督促部下执行，对于不容易解决的困难，你要记录下来，并作为会后讨论的重点。

还有，既然你是他们的“头儿”，就要尽可能地为部下争取福利，当他们的合法权益受到威胁和损害时，你要积极站出来为部下说话，维护部下的权益。

老叶是某企业中层管理者，手下带着十来个“兵”，在部下看来，老叶是难得的好领导。

某天，小黄来到他办公室，说这个月公司扣掉了他们的餐补，想问问是怎么回事。

老叶马上接过小黄手里的工资条看了看，发现确实存在这个情况，他立刻打电话到财务室，想把原因弄清楚。

对方说，打卡机里没有出现这些人的用餐记录，是不能给予补贴的。老叶当即问小黄：“你们吃饭没打卡吗?”小黄说，大家每天都按时打卡。

后来，事情终于弄清楚了。是因为小黄所在的这个部门上个月很忙，基本上是等到其他同事都散了，他们才去吃饭，新来的阿姨不知道，早早将打卡机关掉了，所以才出现这个情况。老叶花了大半天，终于把这件事查清楚了，并经过积极沟通，财务部答应马上调整他们的工资。

身为管理者，就是要解决部下的后顾之忧，以免他们无心工作，此外，你还要不断激励部下，打造适合他们发展的平台，甚至在有必要的时候，让自己成为一名“教练”，对部下进行指导，意在提升他们能力，给予员工更多机会。

例如，经常组织部下参加培训，或是举行一到两次户外拓展活动，提升他们的个人能力和团队合作力。

当部下觉得跟着你干“有前途”，他们就不会轻易萌生跳槽的想法，保持团队的稳定性有助于管理者凝聚人心。

值得一提的是，很多人为自己的团队呈现“一盘散沙”的状态而担忧，却不知问题的根源在于你没有为自己的团队设计好方向和目标。

所以，你要根据团队情况，制定切实可行的目标，并将任务落实到每个人身上，意在让部下感觉到：自己在团队中有不可替代的作用。这是一种非常直接有效的激励方式，部下一旦认为自己“有价值”，就会更加努力工作。当然，身为管理者的你，还要引导部下之间保持良好的合作关系，切勿为了争抢“功劳”而令团队陷入混乱。

得到下属的信赖，是让他们为你创造更多成绩的前提，你要进行合理的鞭策，避免用简单粗暴的方式让他们干活，多想想部下的难处，并及时帮助他们解决，做个受人尊敬的好领导。

如何让家庭幸福？

幸福是什么？

有人说，幸福是偎依在母亲怀抱里的温暖；

有人说，幸福是依靠在爱人肩膀上的甜蜜；

有人说，幸福是抚摸孩子细嫩皮肤的慈爱；

有人说，幸福是仰望父母沧桑面庞的敬意。

在2014年过年期间，有这样一条令人感动的新闻——

“郑州的雾霾太严重了，听说大年初一新郑机场的所有航班都被取消了，看看三亚的空气多好，我们一家五口今年就在这里过年了。”郑先生为了一家人来三亚过年，在三个月前专门买了一辆崭新的房车。

郑先生说，他对孝敬老人有着自己的理解。“平时自己忙着做生意，陪老人的机会少，想着能让老人们的生活质量高点，心情愉快点，我在三亚专门买了房子，不算大，但是他们俩老人来住，足够了。这里四季如春，空气清新，老人住着舒服，也不生病了不是吗？”

郑先生的父亲在旁边笑眯眯地听儿子说，一边笑一边不停地点头，“俺儿是真孝顺，光想着让我们多看看祖国的好地方。”郑先生为了能多带着他们老两口到处去旅游，专门花了60万买了这辆房车。

“因为房车方便，老人们出门在外有很多的不方便，有了房车，想走就走，想停就停，看这亚龙湾景色多美，游客们都是来看看就走了，我们可是守着呢，大年三十我们就在这儿过的呢。”郑先生的爱人也在一旁说了起来。

郑先生的父亲今年80多岁，满面红光，声音洪亮，说起自己的儿子，老人的脸上乐开了花，溢满笑意。老人说，“现在电视上老唱常回家看看，俺儿工作忙，河南的天一冷他就把我们老两口送到了三亚，说家里空气不好，让来三亚过冬。这里的天气真好啊。”

禹州郑先生的自驾房车非常的引人注目，他们的房车功能齐全，里面有卧室，厨房和卫生间，凡是从旁边经过的游客必须要征得同意之后，才能上车去看一看。当听说郑先生是为了带父母出门旅游花了60万专门买的房车，大家都竖起了大拇指称赞：“真孝顺，好样的！”

对于上述这对年过八旬的老人而言，能和儿子一起出去旅行、过大年就是幸福。而对他们的儿子来说，能尽孝道、与家人团聚就是幸福。

幸福就像空气，看不见，摸不着，但却感受得到。幸福又像一个谜，你让一千个人来回答，就会有一千种答案。虽然每个人心中的“幸福”都不尽相同，但人人都渴望拥有幸福美满的家庭。然而，幸福不会从天而降，需要你通过悉心经营，将“家”建设得更美好。

如何经营家庭、创造幸福呢？

首先，与家人相处的时候，要多一点包容心，避免出现不必要的争吵。有些人喜欢用自己的生活方式要求家人，最终导致不可避免的家庭战争。有时候，你的话可能中伤了家人，但自己却没有发觉。所以，你要多体谅家人的难处，不能因为逞一时之快，就随意对他们发脾气，破坏家庭气氛。

另外，多想想家人的不易和对自己的关心，你就会少一些抱怨，多一分理解。对于爱人，要珍惜你们之间的缘分，对于孩子，要用心教育，帮助他排解成长过程中的烦恼。

如果有时间，应当多陪陪家人，不要总以“工作太忙”为借口，难道和家人比起来，工作真的那么重要吗？

其次，对待教育问题，你要和爱人商量好了，你们是在打造这个家的未来，所以一定要很慎重。

最后，对于家中的老人，你要多尽孝心，不仅为了报答长辈的养育之恩，更是为了给孩子做好榜样，家是承载梦想和希望的摇篮，每个人多出一份力，家庭就会更加和睦。

虽然生活中难免出现磕磕碰碰，但你不能因此而丢掉了谦让的美德，有句话说得好：退一步，海阔天空。想要保持家庭的幸福美满，就需要家人互相做出“让步”，没有过不去的坎，也没有不能解决的问题，带着一颗宽容的心，你就会发现家人身上有很多“闪光点”，你越欣赏，你的心就越靠近对方。

人们常说“患难见真情”，生活不可能一帆风顺，遇到困难的时候，幸福的家庭是你最坚强的后盾。我曾对学员说：“应当把家人看作上天对我们的恩赐，因为全世界再没有别人会像他们一样关心我们。”不管你对“幸福”的定义是哪一个版本，理解和包容都是“幸福生活”的代名词。当你全心全意为家人付出时，就会发现你所得到的幸福感，远多于你付出的东西。

与兄弟姐妹如何相处？

现如今，人们的生活节奏越来越快，压力也日益增大，很少有时间与兄弟姐妹来往。随着独生子女家庭的增多，孩子无法体会到有兄弟姐妹的感觉，这一关系似乎“断层”了，我曾对朋友说：“有兄弟姐妹的人是幸福的，因为除父母之外，还有很多关心他们的亲人。”想要好好保护与他们的感情，你该做些什么呢？

首先，多与他们走动，以免感情生疏。不论你有多忙，都应当抽出时间去亲戚家坐坐，和爱人一起，并带上孩子，只有常走动，关系才会越来越好。

尤其对于没有亲兄弟姐妹的孩子来说，多让他与亲戚家的孩子玩，能够从小培养他们的家庭意识，从心理学角度说，他们会更有安全感。因为除了父母和祖辈，还有这么多亲戚和小伙伴爱着他。

某一期培训课上，我看到两位女士聊得非常投入，她们的孩子也非常友爱，于是产生了好奇心："请问，你们是之前就认识吗？"

其中一位说："我们是妯娌关系，我们俩的老公是亲兄弟。"我这才弄明白，原来他们是一家人，看得出来，她们之间的关系很和睦。另一位母亲说："这俩孩子都是独子，但都把对方当亲兄弟，关系铁得很，我们两家走动很频繁，孩子也有了成长的伙伴，和其他孩子相比，他们就不会觉得孤单了。以后等我们老了，孩子之间也有依靠。"

我非常赞同她们的想法，越是在快生活节奏的今天，亲戚之间越要常常走动，让孩子从小就有意识：我有兄弟姐妹。

其次，当兄弟姐妹遇到困难的时候，你要主动伸出援手，正因为"血浓于水"，人们才将亲情看得这么重要，血缘关系是非常奇妙的，所以才显得更加珍贵。

对于不少中年人来说，他们有亲兄妹，这是大家庭时代遗留下来的现象，由此牵出"如何赡养父母"这一问题。

儿女对父母是有责任的，不能因兄弟姐妹较多，而将这份责任推给他们，即便工作再忙，生活压力再大，都要尽赡养责任。

一个大家庭中，兄弟姐妹的生活状况尽皆不同，如果你的经济条件较好，应当多分担一些赡养老人的责任，或是其他兄妹不在父母身边，只有你与他们在一个城市，你要多去看望老人。

除了父母，兄弟姐妹也是你的精神依靠，千万不能做伤害他们的事情，要秉承"长幼有序"的传统美德。例如，你有哥哥姐姐，但他们的发展情况都不如你，从社会地位的角度看，你受到更多人的尊敬，但你一定要把哥哥姐姐放在心上，并尊重他们，不能因自己比较优秀，而不去保护他们的尊严。

虽然你已经建立自己的小家庭，但与兄弟姐妹保持亲密的关系，却是在维护大家庭的和谐，不仅为了父母、你自己，还为了孩子，为他们树立榜样，鼓励孩子也用正确的方式与他们的兄弟姐妹相处，这样一来，孩子才会懂得如何爱别人和得到别人的爱。

交有益之友，绝无益之朋

生活中，朋友占据很重要的位置，如果一个人没有朋友，他的性格就会很孤僻，无法感受生活的美好，不能体会与朋友相处的愉悦。然而，想要交到知心朋友并不容易，需要你用心与他们交往，做到真心付出，能够站在对方的角度考虑问题，只有建立起信任，朋友才会留在你身边。

任何时候，真心待人都是极其重要的，不欺骗、不做作，用真诚的心换取朋友的信赖，答应的事要尽力做到，不能因为你们之间关系较好，而忽视了对朋友的承诺。

某次，我和一位学员聊天，他说："我有个关系特别铁的兄弟，玩了好多年了，是很知心的朋友，而且特别靠谱，只要能帮我的时候，他一定会尽力，他属于那种不说大话，却能把事情办妥的人，如果他做不到，也会提前和我说，但他也会忙前忙后地咨询其他人，这一点让我特别感动。"

我听着也特别欣慰，说："那你要好好珍惜他，知心朋友是要交一辈子的。"学员想了一会儿："是，从认识他开始，就觉得他对朋友特别真，之前我有些地方做得并不好，他的行为感动了我，我既然把他当知心朋友，也肯定会尽力照顾他。"

可见，当朋友间有了真挚的感情，生活就会充满阳光，朋友之间的付出，会令彼此的信任感增加，时间久了，就会形成"有福同享、有难同当"的铁哥们关系。

正因为是知心朋友，所以不能缺少共同话题，你可以找一些大家都感兴趣的事情做。例如，运动、钓鱼、K 歌、旅游等，有助于增进你们的感情。在工作压力越来越大的今天，和谐愉快的朋友关系，会让人感到轻松。所以，要多和朋友来往，适时组织一些休闲活动，有利于身心健康。

与朋友相处要保持宽容的心，切勿斤斤计较，每个人多谦让一点，关系就和谐一点，若是太在意得失，朋友必定会远离你。

谁都希望和性格好的人交朋友，虽然大家都已经非常熟悉，但不能因此不顾及对方的感受，说话太冲，或是语言中伤他人，这都会影响朋友之间的情谊。你应当保持随和的态度，避免与朋友发生争执，更不能说出侮辱对方的话，你的态度越诚恳，越能结交到知心朋友。

有些人说："大多数朋友已经躺在 QQ 列表里了。"朋友之间一旦失去联系，或是很长时间不交流，情谊就会受到损害。别以为通过网络工具聊天，你们就还能保持原有的关系，网络毕竟是虚拟的，面对面的交流才最真切。你应当尽量减少使用网络工具聊天，可以把朋友约出来，大家坐在一起聊天才能增进感情。如果你的朋友在外地，甚至是国外，不妨在节假日的时候，给他寄去一点家乡的特产，也会令朋友很感动。

想要结交知心朋友，就必须抛开身份和地位，在人格平等的基础上交流，盛气凌人的态度会令人生厌，同样，妄自菲薄的姿态也有失尊严。平时多参加社交活动，你的朋友才会越来越多，不仅对保持良好情绪有帮助，还能令你掌握更多有效信息，从而积极推动你的工作，此外，你的交友习惯会影响孩子，因此要格外注意。

PART 4
家庭教育是孩子成才的关键

第九章

把握教育的四个阶段，让孩子赢在起点

0~3岁写剧本——替他做

对于婴幼儿期的孩子来说，他们几乎没有自主行为能力，完全靠别人照顾，吃喝拉撒睡，大部分都需要在别人的帮助下完成。这时候，除了让他们对外界事物有感知外，无法进行更深层级的教育，我们通常将此划分为“写剧本”的阶段，也就是父母要替孩子做。

尽管此时的孩子只会用眼睛看着世界，但他们的感觉细胞非常发达，能够接受来自家人的“呼唤”，对肢体接触有反应，这时候，父母应当尽可能多地让孩子认识世界。例如：帮他穿衣服，让他感受布料、手掌的感觉；喂他吃东西，让他感觉牛奶、辅食是什么味道，看起来是什么样子；带他出去散步，认识花草；等等。有人说，0~3岁的孩子几乎没有记忆，长大后也不会想起这段时间的生活，进行这样的教育有意义吗？

别看这个阶段的孩子不会表达，也不能自主完成某件事情，但他却在用自己的方式进行认知，为下一阶段的成长打下基础。

不同阶段的孩子，对事物的认知程度不同。0～3 岁的孩子就像一张白纸，替他做、带他认识事物，就好比在白纸上留下痕迹，虽然离构成作品还有很大距离，但至少有了一些模糊的“轮廓”。

刚刚出生的孩子，已经会用简单的方式表达感觉——哭。有育儿经验的人，很快会判断出哭的原因。哭，说明孩子对身体方面的变化有很明显的感觉，所以说，此时训练他的感官，是最佳时间。

值得一提的是，不要在这个阶段教孩子认字，以免出现揠苗助长的情况，在他的感觉系统尚未健全的时候，认字会成为一种负担，甚至有可能在他需要认字的时候，出现厌烦心理。

那么，0～3 岁孩子到底该如何认识世界，从而训练他的感官呢？

先来看一段案例：

小 Y 是一名幼师，也是一位母亲，她为刚满两岁的儿子设计了“学习计划”：看名画、听名著、听名曲。

她说：“这个阶段的孩子，非常渴望了解事物，却没有健全的表达能力，但并不影响他接受来自外界的信息，带领他用眼睛观察世界，看名画、风景；选一些旋律优美的乐曲，刺激他的听觉神经；也可以读一些名著给他听，虽然他并不知道这些是什么，但是能在他的脑海中形成印象，等到他开始识字，就会对这些感兴趣。”

朋友觉得小 Y 的育儿经很棒，又问他：“那你为什么不早点让孩子学习认字呢？”小 Y 说：“每个父母都不希望孩子输在起跑线上，但运用的方法不得当，就会适得其反。这么小的孩子，觉得周围事物都很新奇，对于他来讲‘玩’是这个阶段中最重要的事情，过早学习认字，孩子并不能接受。”

可见，0～3岁的孩子，需要父母刺激他的感官，让他对外界事物有印象，仅此而已。并不要求孩子能做什么，只要对感官刺激有感觉就可以了。这时候，父母应该让孩子接触更多有意义的事物，接受更多正能量。例如：读《弟子规》、《道德经》给他听，睡前故事也要有教育意义。从小培养他们对“真、善、美”的认识非常重要。

孩子周岁后，能够渐渐懂得围绕在身边的是家人，如果父母多和孩子互动，对他们的心理成长有很大帮助。

现实中，不少年轻的夫妻因为各种原因，让祖辈带孩子，虽然爷爷奶奶同样会给予孩子疼爱，但父母的陪伴，终究是孩子成长过程中最温暖的保护。我经常对学员说：“不论你们多忙，工作压力再大，也要抽空多陪陪孩子。”

在这个阶段中，孩子对父母有清晰的认知，夫妻二人与孩子进行互动，会比只有一方更容易令他感到愉悦。孩子虽小，但是他能体会到，自己和爸爸妈妈是一个整体，对后期的性格培养有很大帮助。

正因为这个阶段的孩子已经会用自己的方式进行表达，所以很多父母会担心他吃不好、睡不好、不舒服等，虽然保持他身体上的舒适很重要，但不能过分“溺爱”。

某次，一位家长说：“我们家那个小祖宗，夜里把全家人折腾得要命，只能抱在手上睡，一放进婴儿床，马上大哭。”

有这种情况的家庭不在少数，父母总希望孩子能过得舒适些，几乎会满足他的全部要求，与年龄较大的孩子不同，周岁之前的孩子用哭来表达

“不舒服”的意思，你可以先对他的身体进行检查，如果没有异样，就说明此时的哭声是一种情感诉求。

这位家长心疼孩子，只要孩子哭，就会抱起来，这样做是不正确的，正确的做法是：让孩子习惯婴儿床。家长可以尝试着将孩子放进去，然后用玩具、儿歌等转移他的注意力；或是在婴儿床周围放上玩具，让孩子有熟悉的感觉。除此之外，父母还可以根据孩子的不同情况，用不同的办法让他安静下来，而不是一味溺爱。

对于0~3岁的孩子，父母应当在“替他做”的同时，带领孩子感知世界，引导他们对美好的事物产生兴趣。

3~7岁改剧本——教他做

当孩子进入3~7岁的阶段，父母应该开始“改剧本”——教孩子做，而不是替他完成。这时候，孩子已经有自主行为能力，他们或许无法漂亮地完成某件事，但一定对做这件事的“程序”有初步了解，父母要尽量鼓励孩子独立完成，并指出需要改进的地方。渐渐地，他们就可以独立照顾自己了。

很多人将“学会吃饭”看作人一生中非常重要的事情。3岁开始，孩子已经有这方面能力了，只是很多家庭怕孩子“吃不好”，依然用喂养的方式，这对他的心智发育很不利。甚至在少数家庭，父母追着孩子喂饭，这是极其不可取的。

我曾对学员说："不要让孩子单独吃饭，应当让他和家人一起，从小灌输他这个概念：全家人一起吃饭是幸福快乐的事情。"

此外，孩子会对父母的吃饭动作进行模仿，所以父母必须将正确的用餐礼仪传达给孩子，让孩子和父母一起吃，也是为了让他尽快"学会吃饭"。

孩子的成长离不开父母的鼓励，在教他做的时候，有可能会遭遇孩子的"逆反心理"，不妨为他搭建一个平台，多给予他积极的力量。

看这对父母是如何做的：

L 先生与妻子养育了一个儿子，今年刚满 3 岁，夫妻俩有意识地鼓励孩子，尽可能多地让他自己处理某些事情。

有一次，家里来客人，大家正围坐在一起吃饭。儿子突然撒娇，一定要妈妈喂他吃饭，不然坚决不吃。

L 太太并没有马上照做，而是在孩子的碗里夹了一些菜，并说："这些都是你最爱吃的，快吃饭吧。"

孩子没有再撒娇，但还是不肯动勺子。这时候，L 先生说："儿子，来，给叔叔阿姨表演一场'吃饭秀'，不是早就开始自己吃饭了吗？这两位客人今天第一次来咱们家，就等着看你表演呢。"

听到这里，孩子突然笑起来，马上把饭菜往嘴里送……

生活中，常常遇到孩子不肯自己吃饭、上厕所、睡觉的情况，只需要父母稍加鼓励，他们就会主动去做。所以说，保持良好的开端非常重要，一旦中途放弃了，就很容易前功尽弃。比如：L 先生与太太看到家里来了客人，不希望孩子在一旁吵闹，又开始喂饭，孩子就会产生依赖心理，想要再培养孩子独立吃饭的能力，就不容易了。

虽然在我们看来，吃饭、上厕所、穿衣服是很简单的事情，但对于这个阶段的孩子来说，还需要一个学习的过程，这就要看你如何“改”剧本。

通常情况下，先把做某件事的全部要领讲给孩子听，同时把将“重点”部分重复两遍，目的是为了让孩子知道这是“重点”，再让他自己做一遍，如果非常顺利，父母一定要“趁热打铁”地鼓励他，也可以做出“约定”：以后大部分事都由他自己做。如果某个环节没有做好，你也不要责怪孩子，而是耐心地进行讲解，直到孩子接受。

对于这个阶段的孩子，不仅要教会他基本的生活要领，还要对他进行道德教育。学会孝顺长辈、尊重身边的人和物、学会开心地笑、学会与兄弟姐妹友爱……这个年龄段的孩子，有部分时间得待在学校里，并且会接触越来越多的人，不妨多让他们了解与道德有关的典故等，帮助他们从小树立道德意识。

很多父母片面理解“教育”的含义，以为就是告诉孩子，他应该如何做，却忽视了这个阶段，他们的模仿能力迅速增强，父母如何做，对教育孩子影响深远。所以说，父母在教育孩子的同时，也要审视自己的行为，做到真正“改”好剧本。

7～12 岁做导演——陪他做

7～12 岁的孩子，已经有自己的想法，但还需要由父母陪着去接触更广阔的世界。此时，父母应当是一名“导演”，陪伴他经历人生。

这个阶段的孩子正在上小学，识字、算数、掌握基本劳动技能是生活的主题，对父母还有一定依赖，还属于需要保护的孩子。父母的陪伴对于他们来说，是一种精神力量，更容易激发他们的潜力。

某次，一位学员回忆起小时候的事情：“我八岁学习骑自行车，当时我很害怕，爸爸说他会站在我身后扶着我，不会让我跌下来。就这样，我终于敢骑车了。爸爸一边扶着我，一边告诉我骑车要领，我以为他一直在扶着我，所以我骑得非常稳当。但我不知道，他其实早就已经放开手，只是有他在身边，我觉得很安心。”

这位父亲做得非常好，因为他既把要领告诉孩子，同时又给予情感支持。很多父母会陪着孩子做某件事，但无法充当“导演”的角色，只要孩子有需要，马上替他做完，这是对待 0 ~ 3 岁孩子的做法。

7 ~ 12 岁的孩子，对某些事物已经有较为系统的认识，但同时也需要不断学习更多东西。他们对外界既好奇又胆怯，这时候，如果父母能陪伴在身边，对孩子来说就是最好的鼓励。很多时候，他们并不是不会做，而是缺少勇气，父母所给予的精神鼓励，对孩子来说是最珍贵的。

我的一个朋友，会经常带着孩子参加聚会。别人问他为什么，他回答：“至少我要让孩子知道，看见年轻的女性叫姐姐，年长的女性叫阿姨，比我年轻的男士叫叔叔，比我年长的男士叫伯伯，与同龄的孩子保持和谐友爱。”父母陪伴孩子做某件事的目的可能非常简单，但在这潜移默化的过程中，让孩子学会识别和思考。

当然，7 ~ 12 岁的孩子，要进行系统的学习。但这个阶段里，孩子们的学习能力相差并不大，关键在于你如何激发孩子的学习兴趣。

7～12 岁的孩子，处于接受知识的初级阶段。尤其是小学一二年级的孩子，这是幼儿时期到少儿时期的过渡期，父母的陪伴会让他们更好地度过这个时期。

除了学习知识，7～12 岁的孩子还需要学习更多生活技能，这同样是他认识世界的方式。不少家庭很宠溺孩子，认为他们玩得开心，或是学习来自课本的知识最重要，忽视了对生活技能的培养。

不妨带着孩子一起洗衣、做饭，让他们对事物有系统的认识，父母不要害怕孩子尝试，你只要陪在他身边，保证他的安全就可以了。

此外，我建议父母多带孩子出去旅游，不仅增进他与父母的感情，还能对自然风光、人文风情有直观认识。如果无法实现远途旅行，也可以带着孩子去城市周边看看，哪怕周末公园逛逛，都好过闷在家里。

孩子认识世界的过程，需要父母的陪伴，爱的教育能够滋润孩子的心灵，这个过程中，父母应当给予孩子启发。例如：当他看到天空的时候，会想到什么？花有哪些颜色，树叶有哪些形状？哪些动物会冬眠？在不断认知的过程中，知识丰富了孩子的头脑。等到长大后，他再回想小时候的经历，会觉得特别温暖。

正因为这个年龄段的孩子特别容易对外界事物产生好奇，所以常常会问为什么？有些父母会直接将答案告诉孩子；有些父母因为自己也不知道，就打发孩子自己去找答案；甚至有父母用恶劣的态度面对孩子提问，这样往往是不对的，会遏制孩子的好奇心。

最好的办法是，带领孩子一起寻找答案，会令他们收获良多。例如，孩子向你提问："为什么有的小动物需要冬眠？"你可以陪着他，分别找到需要和不需要冬眠的两种动物，鼓励孩子找到它们的不同之处，从而得出答案。

这不仅让孩子对这个答案有直观的认识，而且让他学会了一种寻找答案的方法，更重要的是，父母的鼓励，会成为孩子主动学习知识的动力，对孩子的成长有很大帮助。

7～12 岁是孩子成长的转型期，12 岁之后他们就要学会“上台演”，所以必须在转型期阶段打下坚持的基础，让父母的爱成为孩子的精神力量，使他们保持对事物的好奇心。

12 岁以后上台演——让他做

12 岁之后，孩子渐渐步入少年时期，父母不能再像孩子小时候那样，陪着他认识世界，而要让他们自己走上舞台“表演”，父母真正开始行使“监护权”。

大部分父母表示，在上述的三个阶段中，孩子的教育方面存在很多缺憾之处。不过还可以在这个阶段进行弥补，但要注意方法，不能像对待 5 岁孩子一样对待上中学的孩子。

例如，你觉得对孩子生活技能的培养不够，可以在这个阶段进行加强，但你不需要陪着他了，只要把要领告诉孩子，就可以让他独立去做，对于做得不完美的地方，可以单独指出来，算是对这件事的总结，但还是以鼓励为主。

12 岁之后，父母应当重视孩子的性格塑造。很多人会这样问孩子：

“你想成为什么样的人?”如果孩子已有了明确的目标，就要让他多接触他想成为的那种人。值得注意的是，这个阶段的孩子心智尚未发育成熟，需要父母引导他们认清什么是可行的，接触的事物也应当是积极的。

如果有一天，孩子对你说：“我想成为救死扶伤的医生。”你可以带他去医学院看看，目的是让他知道，在成为医生前，要付出多大的努力。如果你有朋友在当医生，不妨让他给孩子讲讲这份职业所要承担的责任，不要觉得一切还早，越早知道自己想做什么的孩子，越能制定出切实可行的目标和计划，如果等到临近高考的时候再考虑这些，就太晚了。

然而，不是所有孩子都能在12岁之后有明确的目标，但至少要让他们知道，自己这一生到底要什么。

我遇到过这样两种人：一种是思维混乱导致无法制订正确的计划，到头来变得很消极；另一种是因为无法通过制订正确的计划实现目标，性格变得很偏激。这两种人的情况，都与他们没有养成制订正确计划和可行目标的习惯有关。所以说，当孩子有了清晰的目标，父母就需要引导他去思考这样一个问题：我要做什么？才能实现目标。

我曾对一些孩子这样说：“如果你的目标是爬上一座山，那么就要马上行动，然而行动的第一步，不是盲目地去攀登，而是将‘大目标’分成一个个小目标，你要明白从哪里出发最好，要经过什么路线才能一步步实现目标。”

这个形象的比喻，意在告诉孩子，光有目标不行，必须要有计划地分步实现它。所以需要父母引导孩子去思考，为了实现这个目标，自己要朝什么方向努力。值得一提的是，你要让他知道，实现目标不能单凭自己的努力，还要学会整合身边的资源，如果遇到困难，可以和身边的人讨论，或是找有经验的人交流，闭门造车很难出成绩。

不少父母向我诉苦：这个阶段的孩子有些厌学，原本好好的，等到上了中学，就完全不爱学习了。之所以出现这种情况，是因为这个时期的孩子渐渐有了自己的想法，原本感兴趣的事情，如今觉得索然无味，对父母、老师的教诲不屑一顾。此时，父母应该让孩子知道，他现在需要做的事情，是为了什么。

身为父母应当用孩子可以理解的方式，向孩子讲解他现在所做的一切是为了什么，切忌使用简单粗暴的方式，这会容易加深孩子的厌学情绪。

12 岁之后已经算是大孩子了，他们的交际范围会逐渐增大，也接收了来自四面八方的信息。例如，得知某款网络游戏很好玩，于是孩子将大量时间花在这上面。面对这种情况，很多父母先是说教，如果没效果，就有可能动用暴力，更会令孩子产生“逆反心理”，达不到教育的目的。不妨通过事实让孩子明白：这些没营养的东西不会对他的人生有益。

很多父母在教育孩子方面存在误区，认为他们现阶段的任务就是学习，却忽视了责任教育，应该让孩子知道：他们学习的目的是什么？肩负着什么样的责任？简单地说，就是为什么要学习。

对于孩子来说，这些并非压力，反而会成为动力，变“要我学”，成为“我要学”。父母只顾告诉孩子“你得好好学习”，并一个劲儿地鞭策，无法令孩子懂得学习的本质。如果告诉他，现在的积累是为了将来能实现更多愿望，存在于孩子内心深处的原始动力就被激发了，人一旦发挥主观能动性，潜力就会得到释放。

所以说，父母要对 12 岁以后的孩子起监护作用，既不能代替他们去做，也不能花大把时间陪伴他们，更多的是要引导孩子自己寻找出路。处于这个阶段的他们，应该要想到，长大后要成为什么样的人，不能是模糊的概念，而要有清晰的认知。

第十章

培养高效能的学习生活习惯，给孩子美好未来

让孩子主动做功课

许多父母面临这样的难题：孩子不愿意做功课，回到家总是先玩，哪怕爸爸妈妈督促他去做，他也总是拖拖拉拉，加之做功课的时候思想不集中，一会儿玩玩具，一会儿去喝点水，直到休息时间到了，功课也没能完成。就像下面这位小朋友一样。

有一次，我去朋友家做客，正巧他儿子刚刚放学，回到家后，孩子并没有马上去写作业，而是找出很多玩具，一个人躲在房间玩起来，我问他："今天没作业吗?"孩子说："作业不多，我吃了晚饭再写。"

晚饭后，孩子在客厅走来走去，似乎不情愿去写作业，朋友问了好几遍，孩子不是说在"吃水果"，就说"在散步"，直到他爱人训斥孩子，孩子才拖着书包走进房间。

一个小时后，我去看了看孩子，好家伙！作业一个字没动，草稿纸上倒是画了不少小动物图案。

我制止了正要发火的朋友，对孩子说："你画得很逼真嘛，我比你差远了。"听到这些，孩子有些得意，我接着说："你一定是个聪明的孩子，如果我和你比赛写作业的话，我肯定也得落后。"

孩子笑了，拍着胸脯说："我马上就能写完作业！"

就这样，孩子没有再玩，真的开始写作业了……

很多父母说孩子难教育，却没有想到过孩子也有听话的一面，关键在于你如何引导。即便性格再温顺的马，也有尥蹶子的时候，更何况你的孩子是一匹性格温顺的"小马"。想要解决"把马带到河边，它们却不喝水"的难题，其实一点都不难，就是要让"马儿"意识到自己很渴。

引导孩子主动做功课，和"牵马去喝水"的道理一样，父母要激发孩子的动力，让他们意识到，写作业并不是痛苦的事情，甚至是快乐的。

如何让孩子主动写作业呢？不妨借鉴我的妙招，很可能对你有帮助。

第一招：做作业的时间不宜过长。

学校安排的上课时间，是非常科学的，每节课中间有休息时间，并且上课时间不超过45分钟，是因为这个阶段的孩子，对某件事情的注意力只能保持45分钟左右，时间过长会让孩子觉得疲乏。

由此看来，写作业的时间也不能太长，父母要引导孩子学会合理安排时间。例如：先写什么科目的作业？语文作业用多久？数学作业用多久？还要适当提醒孩子，写40分钟作业，就休息一下。这样做的学习效率明显较高。

第二招：放大孩子的优点。

孩子需要鼓励和肯定。但有些父母因为"望子成龙"的心情过于急切，所以恨不得孩子毫无缺点，是非常完美的，以至于忽视了他们的优点，甚至要求孩子将缺点变成优点。

父母应当意识到，世界上不存在十全十美的人，多把目光集中在孩子的优点上，并适当“放大”他的优点，会产生意想不到的效果。

适当放大孩子的优点，可以帮助他们营造良好的心理环境。心情舒畅了，孩子自然就愿意去写作业了。

第三招：父母要有意识：学习不能操之过急。

尽管学习非常重要，但父母不能刻意营造紧张的气氛，这容易加重孩子的心理负担，与其匆匆忙忙地写作业，不如先让他的心情平静一些再做，这样，孩子学习才有可能达到事半功倍的效果。

例如，孩子刚放学到家，不妨让他先休息一会儿，再去写作业。白天的课程已经消耗了他一部分精力，加上放学路途中，体力也有所损耗，短暂的休息后，孩子更容易集中精力。

此外，“操之过急”也会影响孩子的情绪，让他们总是处于“着急”的状态，心思就无法沉浸在课业中，时间久了，就会厌倦写作业。

第四招：让孩子把喜欢的异性朋友带回家。

不同年龄段的孩子，都有自己的好朋友，很多父母对于孩子的“异性朋友”较为敏感，甚至狭隘地认为，他们不应该与异性朋友过多接触。

实际上，孩子的世界相对简单，他们只是对异性朋友产生好感而已，觉得和那个人在一起，是很开心的事情。如果父母过多干涉，反而会让孩子觉得这件事很神秘，好奇心越强，就越想探个究竟。

鉴于这种情况，父母不妨让孩子大大方方地与异性朋友接触，允许他们把对方带回家，让孩子们在一起写作业，帮助他们保持良好的情绪，有助于提高孩子的学习效率。

第五招：先让孩子玩个够。

孩子天性爱玩，如果父母过于压制他们的情绪，就会起反作用。当玩要超过一定时间，孩子同样会产生厌倦心理。

如果发现孩子此时对学习毫无兴趣，不妨先让他玩个痛快，而不是斥责他。值得注意的是，父母要引导孩子选择比较安静的娱乐方式，像拼图游戏之类，尽量不要参加激烈的体育活动，以免过多地消耗孩子的体力。

第六招：刺激孩子，使其全力以赴。

当孩子不想写作业的时候，父母可以给予适当的刺激，促使孩子全力以赴。例如：你告诉他，某某同学早就写完作业了，他要是知道你还没完成一半，一定特别得意。

听到这些，孩子内心的斗志就会被激发，但不要过于刺激孩子，父母应当把握好“度”。

第七招：切忌正话反说。

很多父母为了达到激励孩子的目的，喜欢“正话”“反说”，这种方式不可取，会搅乱孩子的思绪。

例如，有些父母希望孩子能主动写作业，偏偏对他说：“我就知道你肯定把玩放在第一位，不会先写作业的。”

我能够理解这些父母的心情，他们太希望孩子能自觉，所以才说出这番话。但孩子不一定懂，甚至会觉得，他贪玩已经得到了你的默许，或是认为你对他不再抱有希望，容易产生“破罐子破摔”的心理。

正确的做法是：尽量用正面语言表达感情，多鼓励孩子，他们的潜力才有可能被激发。

第八招：经常改变学习环境。

很多父母忽视了一点：当孩子长时间在相同的环境下学习，会对周边的环境产生心理依赖。如果他的情绪尚可，环境对他的影响还不会很大，但如果某天孩子的情绪比较低落，就需要用不同环境所带来的新鲜感，提高他们的学习兴致。

第九招：列一个功课计划表。

没有列计划表习惯的孩子，容易陷入混乱，面对繁多的课业，不知道该从哪里入手，情绪也因此变得很糟糕。

如果父母能帮助孩子养成列“功课计划表”的习惯，他们就能独立安排好课业，知道自己先做什么，再完成什么，有助于消除焦虑情绪，更有效率地完成课业。

计划表要让孩子自己完成，父母只需给予提示，例如：告诉他先完成擅长的科目，再做需要思考的科目，或是将最难的科目放在头脑最清醒的时候做。

列“功课计划表”只是手段，目的是为了让孩子主动写作业，父母要不定期跟进孩子的完成情况，以免让“计划表”形同虚设。

第十招：让孩子先做擅长的功课。

很多孩子一提到写作业就“头疼”，实际上，真正令他们“头疼”的是不擅长的功课，就像人们常说：“我一想起某某事情就头疼，都没心情做其他事情了。”两者道理是一样的，所以我建议父母，让孩子先做他擅长的功课。

“作业”不仅能考验孩子对知识点的理解，同时也能引导他们学会安排时间和事务，想要出色地完成某件事，心理因素占有很大比重，面对众多科目，父母应当鼓励孩子先做好擅长的功课，这样不仅节约时间，还能建立起孩子的自信，能够令他们更好地完成其他功课。

第十一招：让孩子自己抽签决定。

有些孩子说："这些功课我都不擅长。"这让父母犯难了，该怎么办呢？

不妨和孩子做个小游戏，让他自己抽签，从而决定如何完成作业。有一次，朋友邀请我去他家玩，发现他的孩子怎么都不肯写作业，于是我问道："你最喜欢什么老师？"孩子说："语文老师。"我说："那你一定很擅长写语文作业，不如就从它开始吧。"没想到孩子"不领情"："不，我觉得语文作业很难。"我再问："那其他的呢？你觉得什么功课最简单，就从什么功课做起。"孩子却说："我觉得每一门功课都很难。"朋友正准备发火，我制止了他。

我将纸叠成小时候常玩的"四个角"，向上的一面标号数字，看不见的一面写上不同科目名称，和孩子玩了起来。几分钟后，我见孩子有了兴趣，便和他约定，如果"四个角"转到哪一边，你就要先做哪一门功课，就这样，孩子高高兴兴地去写作业了。

第十二招：别在孩子面前评判老师。

与很多父母接触后发现，有些父母在孩子面前说话并不十分注意，甚至想到什么就说什么，有时会在不经意间，给孩子传达了错误信息。

孩子的世界相对简单，在不能完全理解老师为什么布置作业的前提下，会单单因为繁重的作业而对老师产生"意见"。其实，孩子只是在表达对作业的"看法"——他不喜欢。

此时，如果父母在孩子面前说，"我认为某某老师在某方面做得不好"，就会加重孩子对"作业"以及老师的"看法"，在他们的简单世界里会认为：我的父母都觉得老师不好，那么他布置这么多作业一定是错的。这样一来，孩子会更加厌倦做功课，甚至对学习也产生厌恶。

我给父母的建议是：不要在孩子前面评判老师，因为小孩与大人的思维模式有差异，在他不理解的情况下，很有可能误解老师和父母的用意。

总的来说，孩子是需要鼓励和积极引导的，如果父母能够在他们的成长过程中，多输入一些正能量，他们就会用积极的态度面对一切，其中就包括主动写作业。

引导孩子自动自觉

除了婴幼儿阶段，对于其他年龄段的孩子，父母也应当重视他们自觉性的培养，以免产生惰性，对他今后的成长不利。

经常听到父母的抱怨："我家的孩子就是不自觉，做什么都需要大人督促，有时候用尽一切办法，他才不情不愿地去做功课，好像是在替我学习一样。"

这种情况在很多孩子身上出现，但父母并不理解其中原因。有一种饱和原则，能够解释孩子惯有的厌烦心理，虽然他们有强烈的意愿，要实现某个愿望，也能从实现愿望的过程中体会到乐趣，但是因为繁多的课程在内心产生了阻力，以至于无法持续主动地去完成事情。父母不妨降低对孩子的要求，这样就会加快孩子做事的速度，培养他们在低谷时期的活力，等到这个阶段过去后，他们又会升起责任心，更加主动地去学习。

我们来看看这位父母是如何引导孩子的：

新学期开始，小A的女儿就要上初中了，她向来对孩子很有信心，女儿也一直没让她失望过，成绩总是名列前茅。于是，母女俩约定：到了新学校，再多拿几个第一名。

没想到，第一次数学测验，孩子就没考及格。小A不但没有责怪女儿，还认真分析了原因，最终决定降低对孩子的要求。

从小学到初中，是一次重要的转折，在孩子没有摸索出正确的学习方法前，可能会出现成绩大幅下滑的情况。这时候，保护孩子的自尊心非常重要，尤其对于成绩一向良好的孩子，如果父母不能在其低谷期给予适当的帮助，孩子很有可能“爬不起来”，这就是小A决定降低要求的原因。

她经常鼓励女儿，告诉她：“你在爸爸妈妈心中永远是最棒的，但初中和小学有很大不同，需要你慢慢摸索学习方法，不要着急，我们下一次考试的目标是六十分。”

结果，第二次考试女儿得到了72分，孩子非常高兴，小A也替她开心，因为女儿已经完成了第一个目标。

渐渐地，小A与女儿约定的目标分数越来越高，孩子也几乎每一次都能达到，这让孩子的信心恢复了不少，后来，孩子的成绩就一直处于班级上游。

可见，想要让孩子保持自觉性，就必须让他“尝到甜头”，自信才得以建立，如果他总是遭受“打击”，就不会主动去学习。

此时，帮助孩子寻找信心是最重要的事情，父母可以采取任何办法，让孩子体会胜利的喜悦，从而引导他们自觉地学习。以下是我总结的“招数”，你不妨一试。

第一招：适当降低对孩子的要求。

从案例中看出，适当降低对孩子的要求。能够让他们及时调整目标，将在短时间里无法实现的“大目标”，分成可行的“小目标”。

想要培养孩子的自觉性，就得让他喜欢学习，最好的办法就是保持“进步状态”，哪怕每天只进步一点点，长期积累下来也会有不错的收效。

很多父母担心，一味降低对孩子的要求会不会使孩子落后于别人。其实，这个“招数”意在帮助孩子建立良好的心理环境，而不是不鼓励孩子进步。相反，这会令他们真切感受到自己的进步，等到孩子的状态“恢复如初”，就可以逐渐增加对他们的要求，曾有父母问：“什么才是好的状态呢?”我告诉他：“就是孩子主动要求学习。”

第二招：先让孩子做喜欢的科目。

这么多课业里，总有一两科是孩子喜欢的，鼓励他们说出来，写作业的时候，也可以先完成喜欢的。

我遇到过这类父母：要求孩子喜欢所有科目，“不允许”出现“中意”或是“不中意”的科目。

我完全理解父母的心情，谁都希望自己的孩子全面发展，但你无法强行让孩子喜欢所有科目，否则有可能出现相反的效果。既然孩子已经说了他喜欢什么，就从他喜欢的科目下手，培养他的学习兴趣，才能调动孩子的积极性，这是让他们主动学习的前提。

第三招：用同一步调增强孩子的主动性。

我知道很多父母都对孩子给予厚望，希望他们考试取得第一名，成为全面发展的优秀学生。但很少有父母询问过孩子：他们的目标是什么。这就造成了你和孩子无法形成统一的步调，你越给孩子“加油”，他越不感兴趣。

为了增强孩子的主动性，不妨和他保持“统一步调”，静下心来和孩子聊聊，听听他们的想法。例如，即将面临期末考试，孩子制定了什么目标？打算如何复习迎考？如果他的目标和你的预想有差距，不要将你的想法强加于孩子，而是鼓励他按照自己的计划走，从而保持孩子的自觉性。

第四招：让孩子先吃点苦。

有一次，我去某学校考察，看到了这样的场景：班主任走进教室，正准备上课，发现同学们久久不能安静下来，似乎并不愿意听课。这位班主任没发火，转身面向黑板，写下一道数学题，让同学们解答，全班顿时鸦雀无声，孩子们赶忙拿起笔……二十分钟过去了，没有一位同学得出答案。这时候，班主任说：“我们开始上课吧。”全班都聚精会神地听起来……

可见，“让孩子先吃点苦”并不是坏事，当他们过于自信的时候，会觉得自己“非常了不起”，自觉性就会降低。父母适当给孩子“吃点苦头”，有助于他们平复情绪，回归到正常的学习模式中。

第五招：兴趣是最好的老师。

这句话几乎成为教育“名言”，想要让孩子主动做某件事，首先要让孩子“爱”上它，学习亦是如此。

想要培养孩子的学习兴趣，父母可以从不同方面入手。例如：鼓励孩子说说自己喜欢的老师；带领孩子做实验；全家人一起学英语；等等。兴趣一旦建立，孩子就会主动学习了。

第六招：母亲的激励最重要。

很多家庭属于“严父慈母”模式，母亲总是温柔的，会令孩子感受更多温暖，这也是大部分孩子觉得母亲“很体贴”的原因。

正因为母亲在孩子心中占有不可替代的位置，也是孩子心中最柔软的位置，所以来自母亲的激励，更容易激发孩子的主观能动性。

值得一提的是，母亲激励孩子的目的，是把正能量传递给他们，而不是一味“溺爱”，尽量不要用哄的方式，而是保持坚定的态度：相信孩子一定能做到。

第七招：父母先改变自己的态度。

孩子成长的过程中，总是在模仿父母，想要令他们保持自觉性，父母必须先改变自己的态度。你在这方面做得如何？

有些家庭会出现这样的场景：妻子做好了一桌子菜，丈夫还在房间上网，结果妻子在客厅喊了不下十遍，丈夫才慢悠悠地走出来……

孩子心中便会产生疑惑：爸爸也没有自觉地吃饭啊，为什么要求我自觉地学习呢？

所以说，家庭教育对孩子的影响特别大，只有当父母做到“自觉完成自己的事情”，孩子才会模仿你的好习惯。

第八招：偶尔用恳求的语气与孩子说话。

教育孩子的过程中，可以偶尔“示弱”，从而激发孩子的自觉性。长期生活在父母“庇护”下的他们，习惯了父母的照顾，忽视了父母同样需要来自他们的“保护”，偶尔“示弱”意在提醒孩子，他们所肩负的责任，鼓励他们做“小大人”。

例如，你可以对孩子说：“妈妈今天太累了，也喊不动你了，自己去写作业吧。”这句话比任何督促都有效，如果你一遍又一遍地喊：“小子，快去写作业。”孩子认为你很有劲儿，他就能和你“对着干”，如果你偶尔表现得比较“虚弱”，孩子就会反过来心疼你，他知道你已经没有力气再去督促他了，他必须像个“大人”。

第九招：不在孩子挫败时责骂他。

成长的过程中，孩子总会因为各种问题被父母责骂，但不要在他们遇到挫败时责备，因为在“伤口上撒盐”是痛上加痛的事情。

例如，孩子某次考试成绩不理想，他的心情也非常不好，可能会出现不想写作业、不想上补习班的情况。在这个特殊时期，父母要先让孩子冷静下来，多说些安慰的话，或是让他静一静，不去打扰，等到坏情绪散开，再帮助孩子分析原因。

如果他们在遭遇挫败时，再听到父母的责备，坏心情可能无法在短时间内得到缓解，很容易造成“破罐子破摔”的情况，再想建立主动性就难了。

第十招：给孩子适当的报酬。

这个招数在很多家庭被使用，孩子完成了某件事情，父母给予一定奖励，只要你说话算数，孩子一定会开开心心去做这件事，并且能有很好的效果。

值得一提的是，奖励只是手段，意在鼓励孩子主动去完成某些事，所以父母要把握好“度”，一旦奖励过度，就会起反作用。

还有，可以奖励孩子的东西有很多，不一定是钱。例如，带他去一次游乐园，或是看一场电影，也可以是某个孩子心仪已久的玩具等等。

第十一招：多让孩子亲近大自然。

带孩子亲近大自然，不光为了让他保持良好的情绪，更重要的是，令孩子感受到这个世界如此美好，如果不努力去探寻它，就无法领略这些美景。

这个招数对激发孩子的主动性也非常重要，能够让他们有发自内心的感悟，父母带领孩子亲近大自然的过程中，要引导他们自己去探究，而不是主动将答案告诉孩子，保持好奇心会让孩子变得积极主动。

第十二招：让孩子意识到：成功并非比登天难。

对于很多孩子来说，“成功”二字就像两块巨砖，或是一座永远无法攀登的高峰，你应该让孩子知道：成功并非他们想象中这么难。

以为“前路难”，孩子就会产生胆怯心理，导致不知从哪里开始行动。你可以告诉孩子：“成功的人，都是一点点做出来的，并且是在不断努力的过程中，不知不觉就成功了。”

不妨将人生分为几个阶段，并标好每个阶段都需要做些什么，然后找到孩子正处于的阶段，看看他做到了哪些，还有什么地方需要改进，别忘了和孩子说：“你已经在慢慢靠近成功。”这些充满温情的鼓励，会激发孩子的信心和主动性，让他变得更加优秀。

第十三招：引导孩子进行自我激励。

光由父母激励孩子远远不够，还需要引导他们进行自我激励，允许他们将“偶像”贴在房间，或是在书桌前、床头分别贴上鼓励的话。每天都能看见这些，会令孩子信心大增，主动带着积极的情绪做事。

此外，我还教不少孩子这样一个妙招：每天早晨对镜中的自己，说出鼓励的话，有助于建立好心情，只有当孩子的情绪高涨，才会主动学习。

第十四招：化愤怒为学习的乐趣。

很多父母对我说：“不得了，我的孩子很厌学。”面对这种情况，父母需要引导孩子化愤怒为学习的乐趣，把不容易记住的知识点当成“假想敌”，并给孩子加油鼓劲，帮助孩子打败“敌人”。

例如，你的孩子因为不喜欢某一门功课，而对此失去信心，甚至连相关作业都不想碰。这时候，你可以鼓励他，集中全部力气去打败这个“敌人”，把它让孩子产生的所有不良情绪转化成动力。

想要让孩子保持主动性，就必须让他意识到：学习是你的责任，并且学习是一件非常快乐的事情。父母要随时关注孩子的情绪，及时给予安慰或是激励，使得他们拥有更多活力。

点燃孩子学习热情

在填鸭式的教育模式下，学习本身就是一种模式化的过程，父母甚至不管孩子喜欢与否，也不管孩子是否有兴趣，非得让孩子坐在书桌前把功课写完，再将书一遍又一遍地看完不可，这就容易让孩子产生厌倦心理。

做任何事情，都离不开热情，如果孩子缺少学习热情，就很难将全部精力投入其中，内在潜力更无法被激发。很多父母总说：“我的孩子不爱学习。”实际上，你忽视了孩子的学习热情，不妨先说一段案例，看看案例中的父母是如何做的。

小 T 的儿子今年上小学了，孩子的主业从玩变成了学习，这让小家伙有点不适应，不仅白天要上课，晚上还得写作业，他对妈妈说：“我一点都不想学习。”

小 T 有些担心，她觉得必须培养孩子的学习兴趣，没有热情是不可能拥有好成绩的。于是，她从孩子生活方面开始入手。这个年龄段的孩子，正是长身体的时候，如果吃得不好，很容易造成营养不良，她从网上下载了“饮食搭配”方法，尽量满足孩子的食欲。

只要有时间，小T都会给儿子讲励志小故事，多是举身边亲人、朋友的例子，让孩子觉得平凡人也能创造出色的成绩。

晚上吃完饭，小T都是先带着孩子去楼下散步，并不是马上让他去学习，吸收了很多新鲜空气的孩子的精力很充沛，学习效率也提高了。

期末测验快到了，小T对孩子说：“你看，检验你学习成果的时候到了，你是不是已经准备好要给妈妈一个惊喜？”儿子本能地点点头，小T继续说：“到时候妈妈也会给你一个惊喜。”就这样，母子俩有了约定。

等到测验结果出来，小T觉得这段时间的教育有很大收效，因为儿子考了两个满分。她答应孩子的事情也做到了，令小家伙更高兴了。从这以后，小T发现儿子似乎对学习有了很大兴趣，并且一直保持良好的学习习惯。

从结果看，小T的教育方式非常可取，当孩子对学习失去热情，不要一味责怪，更不能放弃，而是用积极的态度帮助孩子，并运用科学的方法。

第一招：多给孩子讲一些励志故事。

父母应当让孩子对“成功”有模糊的概念。给孩子讲一些经典的励志故事是不错的选择。例如，匡衡“凿壁借光”、爱迪生锲而不舍做实验、贝多芬辛苦练琴的故事，等等，孩子既容易理解，也能从中有所感悟。

第二招：用近期的学习目标来鼓舞孩子。

既然是为了增加孩子的学习热情，目标就不能定得过高，一旦无法完成，孩子更容易被打击。所以说，父母可以先听听孩子有什么想法，如果他设计的目标是可行的，就尊重孩子的想法。

第三招：适当分散孩子的注意力。

很多父母希望孩子将全部精力放在学习上，但往往会起到相反效果：孩子对学习失去热情。适当分散孩子的注意力，会令他们维持平和的心态，以保持对学习的热情，我的建议是，让孩子接触与课本知识有关的东西。

例如，当孩子觉得对学习英语没有热情，不妨通过一些优美的英文歌曲，激发他们对英语的喜爱；如果孩子很讨厌背古诗，你可以将诗中描绘的场景，用简单的语言表达出来，并让孩子想象那种场景。

第四招：改掉孩子“三分钟”热度的坏习惯。

热度只保持“三分钟”是很多人的坏习惯，如果你发现自己的孩子也存在这类情况，就要及时进行纠正，以免今后做事半途而废，也不能长久地保持对学习的热情。

第五招：通过增进食欲促进学习。

当孩子的学习热情低下，父母应当尽量让他保持心情愉快，饭菜除了尽可能做得好吃，还要注重“色”，意在给孩子适当的视觉冲击，增强食欲。

吃得好，才会有精力学习。身为父母，保证孩子的饮食健康非常重要，应多给孩子吃一些健脑的食品，避免出现营养缺失。

第六招：教孩子学会保存实力。

学习是一件讲究技巧的事情，如果孩子能合理分配时间，并学会保存实力，就能在同学中脱颖而出。告诉他们平时多用功，这样临近考试就会相对轻松，孩子只要在尝试这种方法并有收获后，就会认为自己找到了

“妙招”，学习热情就会上升。

第七招：适当的运动可以使孩子脑筋更灵活。

不要觉得运动是在浪费时间，其实，适当的运动可以增加孩子的活力，让他们的头脑更灵活。

第八招：用激将法促进孩子学习。

偶尔使用激将法，也能促进孩子学习，但要注意语气，不能让孩子以为父母真的不信任自己。

第九招：利用危机意识促进学习效率。

想要提升孩子的学习热情，就得让他知道，有人在跟他“竞赛”，当孩子有了竞争意识，潜力就容易被激发出来。

第十招：保持新鲜的学习内容。

当孩子缺乏学习热情的时候，不妨安排一些“另类”学习项目。例如，教孩子一些生活技能，学习新的运动方式，等等。这都算作学习内容之一，但与课本知识相比较，这些就新鲜多了。

第十一招：用不同的科目调节读书气氛。

当孩子认为学习非常枯燥的时候，父母要帮助他们进行适当调节，尽量保持学习内容的新鲜，避免一整天都在学习同一个科目。

第十二招：刻意改变孩子的学习环境。

学习环境也是影响孩子学习情绪的重要因素。总是在同一个环境中，他们会觉得一切都毫无新意，想改善这种情况，不妨让孩子在不同环境下学习。总而言之，要让孩子对环境保持新鲜感。

消除孩子心中迷惑

很多时候，在父母看来无关紧要的事情，往往是孩子心中的沉重负担。所以你需要设身处地为孩子考虑，以旁观者的姿态，帮助孩子解决生活上的问题。

在我们看来，吃饭、穿衣、洗澡、睡觉、上学都是非常简单的，甚至不会觉得期间会出现什么样的困难，或是觉得在困难出现的时候，咬咬牙就“挺过去”了。这完全是大人的心理，正因为经历的东西多，所以大人们觉得“这些事儿”都不是“事儿”。

但是，孩子的人生阅历很浅，就像老人常说的：“他们吃过的饭，比我们吃过的盐还要少。”出于出未知事物的恐惧，加上心智不成熟，孩子可能会对生活中任何一件事情产生疑惑，如果孩子的心结不能及时被打开，情绪就会受到很大影响。

先来看一段案例：

浩浩是某小学五年级的学生，晚上刚回到家，就对妈妈说：“明天老师要检查全班同学的背诵情况，今晚我要把之前的课文全部复习一遍。”

妈妈说：“一会儿吃完饭你先去复习，我晚点来检查。”

吃过饭，浩浩就走进自己的房间，把需要背诵的课文，从头到尾背了一遍，妈妈在检查的时候，也觉得他背诵得很熟练，于是便让他早点休息。

第二天，浩浩起了大早，又站在阳台上背诵。这时候，同学打来一个电话：

“浩浩，今天老师要抽查，你都准备好了吗？”

“恩，没什么问题了。”

“我也是，除了上次老师说需要额外背诵的那个段落，其他的也没问题。”

“什么段落？”

“就是上次老师额外要求的啊，课后作业没说要背诵，但老师觉得这段写得很好，叫我们背下来。”

“完蛋！我忘记了……”

这时候，妈妈过来催促浩浩去上学，浩浩很担忧地说：“我有一段忘记背诵了，万一老师抽查到怎么办？”

妈妈说：“难道因为这一段，你就不去上学了吗？你这么聪明，一会儿工夫不就记住了吗？公交车到学校需要 30 分钟，对你来说应该够了吧。”

听到这里，浩浩马上背起书包去上学了……

当孩子遇到困惑的时候，父母要及时帮助他们排除不良情绪，既然你觉得这“不是个事儿”，就要把原因讲给孩子听，并给予提示和鼓励，引导孩子迅速跨过这个“坎儿”，不要让他们将“小事”幻想成了“大事”。

在这里，我介绍一些有用的办法给你，有助于及时消除孩子的迷惑：

第一招：引导孩子做出正确选择。

孩子之所以感觉焦虑，是因为他不知道该如何选择。例如，学校要举行活动，要求学生将自己最好的作品带来，你的孩子可能因此产生焦虑情绪，因为他不知道该带哪一份，时间久了，就会影响他的学习情绪。

你应该告诉孩子：如何将自己认为最好的东西挑出来，需要你认识到不同事物的优缺点，再通过比较，最终得出答案。

案例中的母亲，在儿子遇到困惑，并且想要逃避的时候，引导他做出了正确的选择：在公交车上背诵。

如果这位母亲只顾责备孩子，他可能会产生“不想上学”的念头。当“小困惑”变成“大问题”，孩子的情绪就很难平复了。

第二招：选择时的诱导询问法。

人在任何阶段都会面临选择，当孩子需要去思考这个问题时，多半心情非常忐忑，没有良好的情绪做保证，他很有可能做出错误的选择。

例如，正值阳光明媚的周末，孩子想出去玩，但是明天就要测验，你应当如何引导孩子做出选择？不妨先向他提出几个问题：“参加测验重要，还是出去玩重要？”“测验在明天，是不是应该先复习，等到结束后再去玩？”这是帮助孩子整理思路的过程，他可能想到了某些细节，但是无法连成一个整体，当回答完这些提示性问题后，他的思路也就变得清晰了。

第三招：以一种选择为前提进行巧妙设问。

某次，一位学员对我说，他的孩子不想写作业，每天吃完饭都要磨蹭到很晚，这该怎么办？

我告诉他，让孩子自己做选择，不要问他“为什么还不去写作业”，而是给他一些空间：“你是打算先写数学还是语文作业？”

这样一来，父母就已经为孩子设定好了前提：写作业。只是在这个范围内，孩子可以选择先写自己喜欢的科目。

第四招：告诉孩子“黑母牛的奶一样是白的”。

有句话叫：办法总比困难多。当孩子面临困惑的时候，父母要将这个理念传达给他。

例如，孩子的某次考试成绩不理想，你帮他分析原因，孩子说："某某同学之所以考得好，是因为他请了一个好家教，我没有请，所以没考好。"

其实，这也是令孩子困惑的事情，他将"请家教"看成提升学习成绩的唯一办法，却忽视了其他办法也能达到这个目的。

你可以对孩子说："不论请家教、上补习班，还是自己复习，都是为了将知识点记住，这才是保持好成绩的关键，而'请家教'只是一种手段，你已经弄清楚自己的目的，下面要做的，就是选择适合自己的方法，不论用什么方法，只要能到达目标就可以了。"

当孩子无法实现目标的时候，往往会让自己陷入迷惑，总觉得别人的方法一定比自己的好，此时，父母要让孩子意识到，"黑母牛的奶一样是白的"，学习方法固然重要，但一定要找到适合自己的方法，不能一味觉得其他同学的方法最好。

第五招：拨开遇事慌乱的迷雾。

孩子经常会出现慌乱的情况，是因为他们对这件事情非常重视，了解了这一点，父母就需要引导孩子如何正确对待"重视的事情"。

例如，孩子对考试很重视，每次考试前都很紧张，你可以对孩子说："你很聪明，也很用功，知识点都被你存在脑子里了，只需要在考试的时候，运用出来就可以了。"

只有教会孩子用理性的态度面对"重视的事情"，才能帮助他们形成健全的性格。

此外，当孩子害怕某件事情的时候，也会出现慌乱，最重要的原因在于他们没有经验。这时候，父母应当多给他们一些提示，引导孩子主动想办法，等“办法”出炉，他们也就不会再焦虑了。

第六招：“船到桥头自然直”的道理总是有效吗?

面对困惑，有些孩子会采取逃避的方式，认为“船到桥头自然直”，可是这个办法并非总是有效。

例如，孩子不喜欢某个科目，所以他既焦虑又不想学习，父母问他怎么办，他说：到时候就有办法了。

这时候，你应当反问他：“难道知识点会自己跑到脑子里吗?”

让孩子直面最残酷的问题，往往是令他转变思想的重要办法，既然意识到“船到桥头无法直”，就得马上去想解决办法，这同样是消除孩子迷惑的好招数。

第七招：亲身体验才有深刻感受。

由于年纪尚小，孩子的经历有限，对很多事物没有亲身感受，这就容易勾起孩子的好奇心，他越想不明白，越会陷入迷惑。

不妨多带孩子“体验”一些事情，弄清楚其中的道理，他们心中的迷惑也就解开了。例如，孩子看到书上说：淀粉遇碘会变成蓝色，他可能会产生疑问：真的是这样吗?为了解开孩子的迷惑，你可以带他一起做实验，几乎每个家庭都有淀粉和碘，这个实验并不难实现。

第八招：命运就藏匿在我们的思想里。

很多孩子遇到困难的时候，思维会变得混乱，既不知道要从哪里入手，也不知道出路是什么，时间久了，便会对学习失去兴趣。

此时，你要让孩子意识到：努力不一定有结果，但放弃一定会失败，命运是掌握在自己手中的。

可以多给孩子讲一些励志小故事，让他们从故事里获取力量，也可以让孩子对比“努力”与“不努力”所产生的不同结果，他们会对其中蕴含的道理有所感悟。

想要提升孩子的学习效率，就要帮助他消除心中的迷惑，让孩子明白：自己才是人生的主宰者。父母应多带领孩子“体验”生活，增长他们的见识，丰富孩子的阅历，这样一来，令他们产生迷惑的事情才会越来越少。

让孩子变消极为积极

我听过很多父母这样说：“最近也不知怎么了，我家孩子总是闷闷不乐的，学习成绩也下滑了不少。”

不良的情绪会导致孩子食欲下降，并影响学习成绩，当孩子表现得非常消极，父母就要帮助他们找到其中的原因，并及时化解孩子的消极情绪。

我曾给学员画过两棵树：将“枝繁叶茂”的那一棵称为“积极树”，而“消极树”上只剩下枯叶。

我让学员分别写下造成自己“积极”和“消极”的原因，进行归纳后再分发给他们看。能够很清楚地看见，“积极树”上写满这类词语：成就感、信任、责任感、开朗、热情、信心、理解、勇敢……而“消极树”上是这些：愤怒、虚荣、牢骚、虚伪、责怪、胆小、找借口、冷漠、失望……

我对学员说："现在你们已经知道哪些是造就积极情绪的要素，哪些是会产生消极情绪的因素，接下来要做的，就是引导孩子多接触'积极树'上的东西。"

来看看这位父母是如何做的：

新学期到了，小可成为一名中学生。临近开学的时候，她对父母说："我好害怕，中学老师会不会很凶，我万一考不好怎么办？"

父母意识到：女儿对新环境产生了恐惧，如果不能帮助她度过"适应期"，她很可能会变得消极。

于是，父母给了孩子很多鼓励，并让她不要想太多，慢慢来就行了，一定能取得好成绩的。

开学第一天，女儿显得很兴奋，对爸爸说："我已经为自己定好目标了。"爸爸说："那等会儿吃饭的时候，你讲给我和妈妈听，如何？"女儿点点头……

虽然中学的课业很多，但父母坚持让小可每天去楼下锻炼，他们认为：学习并不是孩子生活中的唯一，她更需要一个健康的身体。

某天晚上，母亲见女儿房间的灯一直亮到十二点，便走了进去，发现女儿还在看书，便问道："今天怎么弄这么晚？"女儿说："明天是开学以来第一次考试，我想考得好一点。"母亲说："你平时已经很用功了，所以别太紧张，明天要考试，今晚更应该好好休息。"女儿觉得母亲说得有道理，便很快收拾好书包去睡觉了。

这次考试，女儿的成绩不错，这让她信心大增。在父母的鼓励下，小可的学习成绩一直名列前茅。

我曾对学员说："人生可以没有很多东西，却唯独不能没有希望，有希望的地方，生命就生生不息。对于孩子来说，要不断鼓励他们，避免他们产生消极情绪。”

孩子的成长离不开父母的教导和鼓励，如果发现孩子情绪低落，父母要及时弄清原因并开导他们，否则时间拖得越久，对孩子的身心发展越不利。

那么，父母要如何做，才能避免孩子产生消极情绪呢？不妨看看我的“招数”。

第一招：找到孩子产生消极情绪的内在原因。

孩子情绪低落的时候，会有很明显的表现，例如，不想说话、吃不下饭、不想学习、失眠等，这时候，父母不要责怪孩子，应当找到他们产生消极情绪的原因。

如果孩子不愿意说，你可以联想一下他最近都做了哪些事情，从这些事情入手，能够很快找到原因。

要是这个方法行不通，你可以在孩子情绪稍好的时候，和他谈谈心，不要用质问的态度，而是像朋友一样，鼓励他们把心里话说出来，父母只有在知道原因的基础上，才能对孩子实施帮助。

第二招：让孩子公开宣布目标。

这是让孩子建立信心的好办法，当他在大家面前宣布了目标，并得到鼓励和认可的时候，孩子的责任感就加深了，他会觉得完成目标不仅是对自己承诺，也是对其他人的承诺，这样一来，孩子便有了动力。

第三招：强健的体魄是建立积极态度的基础。

正因为“身体是革命的本钱”，所以父母应当督促孩子进行体育锻炼，不要觉得这是在浪费时间，因为“身体好”是做好一切的前提。身体情况良好的孩子，则是没有后顾之忧的；而身体较差的孩子，则担心自己会不会在关键时刻“掉链子”。将两种情况进行对比，你就会发现，强健的体魄是至关重要的。

第四招：保持良好的生活习惯。

对于孩子来说，保持良好的生活习惯，有助于保持身心健康。例如，勤洗澡，保持皮肤清洁，人的舒适感就会增加；每天清洁、整理书桌，会让孩子有个好心情，桌上乱糟糟的，谁也没心思看书……

所以说，良好的生活习惯是让孩子保持开朗心态的前提，很多孩子需要在父母的督促下才去洗澡，或是根本没有收拾房间的习惯，都是由父母替他们做的，这样并不可取。我一直坚信：能照顾好生活的孩子，也一定能安排好自己的课业。

第五招：让孩子养成大声朗读的习惯。

想要帮助孩子建立自信，不妨鼓励他们大声朗读，这样做的目的，不仅是为了增强孩子的记忆力，更是为了让他们变得积极，保持阳光开朗的性格。

调查表明，说话声音小的孩子，更容易产生恐惧心理，而敢于大声、清晰表达的孩子，则更加自信。

第六招：让孩子养成提前到校的习惯。

不少父母宁愿让孩子“踩着”上课铃进教室，都不希望他们早一点到学校，生怕他们和同学打闹等。

事实上，这种做法并不利于孩子形成积极的心态，因为他们在赶路的时候，会担心迟到导致老师责怪自己等，长期保持紧张的状态，孩子就容易变得消沉，原因在于他们更容易感到焦虑。

不妨让孩子早一点去学校，将时间放得宽裕些，他们的心情就会始终保持平静，不会出现大的起伏。从另一个角度说，鼓励孩子认真做好这些小事，他们才会以正确的态度面对真正重要的事情。

第七招：让孩子多结交积极乐观的朋友。

俗话说："近朱者赤，近墨者黑。"孩子长期与意志消沉的人交往，更容易被坏情绪"感染"，父母应当鼓励他们多结交积极乐观的朋友，孩子才会接收到更多正能量。

值得一提的是，父母不能等到孩子已经变得消沉的时候，才让他远离消极的人，而是要在发现他身边已经出现这类人的时候，及时提醒孩子，尽量避免和这类人接触，去和积极乐观的人交朋友。

时间久了，孩子也会树立"交友法则"：选择乐观的人成为朋友。

第八招：让孩子养成写大字的习惯。

我去很多学校考察的时候发现，有些孩子写字特别小，根据老师的评价，这类孩子的情绪更容易变得消沉，相反，习惯写大字的孩子，性格比较豁达。

人们常说：字如其人。从某个人写的字上，能揣测出他的性格，所以，我建议父母让孩子养成写大字的习惯，有助于他们保持豁达乐观的心态。

很多父母说："孩子已经习惯把字写得这么小，我该怎么办呢？"不妨让孩子去临摹名家的书法，书法本身就能陶冶人的情操，等到形成习惯，孩子就不会再把字写得很小了。

第九招：让孩子多做家务以摆脱消极情绪。

大部分父母"舍不得"让孩子做家务，生怕耽误了他们的学习时间，实际上，这种想法是错误的。多让孩子做点家务，能帮助他摆脱不良情绪。

当孩子陷入坏情绪的时候，需要其他事物来转移他的注意力，不如去做点家务吧。当孩子洗了很多碗，或是将蔬菜洗得干干净净时，父母要及时肯定他们的劳动成果，这会令他们的成就感大增。

对于孩子来说，做家务相当于“休息”，他在某个环境中显得很消沉，就需要从其他环境里得到鼓励。当孩子听到你说“真棒，妈妈都没办法把青菜洗得这么干净”，他的情绪就会变得高涨，再去处理其他事情，就从容多了。

第十招：鼓励孩子多做些新的尝试。

当孩子遇到困难的时候，父母除了给予安慰外，还要指导他们如何走出困境，从不同角度入手，多尝试一些新方法。

例如，孩子被一道应用题难住了，怎么都解不出来，你可以告诉他：“列个方程式看看，要是再不行，你倒推试试。”

如果孩子的思维长时间被困住，就容易变得烦躁不安，他越焦虑，就越想不出解决办法。此时，需要父母给予一些提示，角度尽量新颖，意在激发孩子的灵感。

第十一招：让孩子在家务中培养责任感。

孩子的责任意识越强，精神状态越积极，父母不妨以“派发”任务的方式，将部分家务交给孩子做。

例如，你让孩子去洗碗，不妨事先做个约定：不能将碗打碎，而且一定要洗干净。你设定了前提，孩子在做事的时候，就会特别注意这些，等到你去检查，会发现孩子比没有“设定前提”做得更好，是因为他感受到了自己的责任。

第十二招：不要总问是与不是的问题。

很多父母喜欢问孩子“是”与“不是”的问题，搞得他们很郁闷，因为父母在询问这类问题的时候，态度像在质问。

不妨将问题改成“开放性”的，孩子才会积极动脑，例如，你原本想问：“这个学期的课程难不难?”可以改成：“这个学期的课程有什么变化?”

你越给孩子思考的空间，他们越愿意主动想办法，大脑保持高速运转的人，不容易变得消沉。

第十三招：培养孩子追根究底的积极心态。

孩子都有很强的好奇心，外界事物在他们看来，都是新鲜的，但孩子很少会对某件事物追根究底，如果父母能对此进行培养，有助于孩子保持积极的心态。

如果发现他对某件事物很感兴趣，就要引导他探究更深层次的东西，你可以用激将法：“这件事远没有你看到的这么简单，里面的奥秘多了去了，恐怕你没机会看到了。”或是用“恳求”的语气对孩子说：“原来这件事情是这样的，我今天才知道，多亏了你，不过，我还想了解得更深入一些，你能不能帮我?”

在这种既带着鼓励又饱含期望的语言中，孩子会被积极的力量推动，有助于他们保持好心态。

第十四招：多表扬少批评能使孩子积极上进。

当孩子得到肯定的时候，就会愿意继续做某件事，所以说，父母要多看看孩子的优点，不要因为抓住了他的某个缺点而“大肆批评”，容易令孩子产生自卑心理。

孩子都是在鼓励中长大的，如果长期得不到认可，他们就不再愿意去做，而表扬是激发孩子内在潜力的重要手段，你越觉得他很棒，他越愿意表现给你看。

父母要注意观察孩子的情绪，引导他们用适当的方法进行调节，切忌等到孩子已经出现消极情绪的时候，再去想解决办法，越能保持积极心态的孩子，越容易取得好成绩。

变孩子的缺点为优点

面对孩子的缺点，很多父母会经常提醒和纠正，所以他们就会知道自己在某些方面存在不足。然而，对于自我要求较高的孩子来说，父母就不能过于直接、频繁地责备他们，因为他们更加在意自己的缺点，父母说多了，反而容易产生负面效果，使孩子更加缺乏自信。

这位父母在此方面就做得非常好：

赵女士的女儿今年上初二，学习成绩一直很优异，但最近出现了下滑的情况，女儿有些闷闷不乐，赵女士来找她谈心。

原来，班上来了位转校生，她的人缘特别好，大部分同学都喜欢和她玩，这让女儿很不开心。从小学到现在，她从来都是班级的“焦点”，如今这位同学就像明星一样，全班同学都围着她转……

赵女士认为，女儿的缺点在于她不能用宽容的心对待别人，正因为她一直很优秀，所以习惯了成为“焦点”，但她不可能一辈子都这样。

于是，赵女士鼓励女儿主动和新同学交朋友："看看她到底有哪些优点，能在短时间里有这么好的人缘。"

结果，女儿对她说："我也很喜欢和那个同学玩，她去过很多地方，还会说好几国外语，而且人特别热心。"

从这以后，赵女士发现女儿又恢复了往日的开朗，学习成绩也上去了……

可见，多让孩子看看别人的优点，他就会意识到自己在哪些方面做得不足，尤其是自尊心较强的孩子，避免因直接对他作出评价，而起相反效果。

对于孩子的缺点，父母不能一味打骂，而是要用巧妙的方法，帮助他们将缺点转化成优点，都有哪些妙招呢？

第一招：用适当的方法让孩子正视缺点。

有句话叫：承认错误相当于改正了一半。想要帮助孩子将缺点变成优点，就要首先让他们知道自己存在哪些缺点，切忌直接告诉他："你既懒惰，又不爱干净，写作业还喜欢东张西望……"这种方式会让孩子觉得自己一无是处，极大地影响他们的情绪。

不妨找个安静的环境，让孩子自己说说，他有什么缺点，这种"自我剖析"的方式，不仅让孩子更深刻地认识到自身不足，也能保护他的自尊心。

还可以用鼓励的方法，例如，你明知道孩子遇事很胆怯，却要说："我知道你是个勇敢的孩子。"这种方法能够令孩子意识到：我不勇敢，但是我可以改！

第二招：借故在孩子面前指责其他孩子的过失。

"别人家的孩子"早已成为很多人成长过程中的"最大敌人"，因为在父母口中，“别人家的孩子”样样好。

其实，你可以换一种思路，说说“别人家孩子”的缺点，意在告诉自家孩子：这是缺点，需要改正它。

例如，你可以说：“我觉得某某同学不太爱干净，这个习惯可不好。”孩子就会想：我是不是也存在这方面缺点？父母不直接指出孩子的不足，是要给他留面子，让他悄悄改正，一旦直接指出来，就有可能引发孩子的逆反心理。

第三招：分清“缺点”和“个性”的区别。

很多孩子将这两点混为一谈，认为爆粗口、吸烟、不尊重长辈等是有个性的表现，但却没有意识到这些行为是不正确的。

父母应当告诉孩子：有个性是说一个人的某些优点特别突出，而不是缺点。不能做特立独行的人，所有人的行为都应该得到大众的认可。

第四招：改变孩子所处立场让他自律和律人。

很多父母在教育孩子的时候，将他们放在“受训者”的立场上，这样孩子往往很难接受父母的教导。

如果改变他们所处的立场，由孩子自己指挥，则更容易使他们做到自律和律人。例如，让孩子检查全家人有什么缺点，并叫孩子督促你们共同改正。这样一来，孩子就被放在主导者的位置上，他觉得自己既然处于“最耀眼”的地方，就应该马上改正身上的缺点。

第五招：帮助孩子将缺点变成优点。

有时候，父母只要教育方法得当，就能帮助孩子将缺点变成优点。例如，你的孩子做事不够仔细，没有想明白就开始做，不妨这样对他说：“我觉得你是个果断的孩子，做事不会犹豫太久，这是难得的优点，只是不够细心，如果能改掉这个缺点，你就非常棒了。”

在指出孩子的缺点前，父母可以来一段“引语”，主要是说孩子的优点，然后顺带说出他的缺点，这会让孩子觉得它只是一点“小瑕疵”，马上改正就可以了。

第六招：间接消除孩子的欲求不满。

孩子常会出现“欲求不满”的情况，想要的东西太多，父母无法一一满足，也不能纵容他，该怎么办呢？

不妨给孩子设定一些“限制条件”，例如，在给他买了一套玩具后，他还想再买另一套，你可以对孩子说：“如果你坚持练琴三个月，每天不少于两个小时，我就可以考虑。”

这样一来，孩子在短时间里就不会再提出类似要求，如果他真的很喜欢那个东西，就会按照你说的去做，父母可以根据孩子的表现，再看要不要答应他的请求。

第七招：使用适度惩罚或威胁，以起到暗示效果。

很多父母嘴上说要惩罚孩子，却很少真的这么做。其实，给予孩子适当的惩罚和威胁，能够令他们意识到，自己在某些方面做得不好。

例如，孩子总是把房间弄得乱七八糟的，你可以对他说：“如果你再不收拾房间，我就用吸尘器把这里的东西全吸光，包括你喜欢的玩具。”偶尔吓唬孩子，能够起到一定震慑作用，迫使他们快速纠正错误。

第八招：用自言自语暗示孩子的缺点。

你可以借故走到孩子身边，自言自语地说：“唉，东西用完不放回原处，真不是个好习惯，要是谁一下子坐在这把剪刀上怎么办。”孩子听到你这样说，会觉得自己的坏习惯可能会伤害别人，从而改正自己的错误。

第九招：不用权威来压制孩子的反抗。

不少父母盲目使用“权威”，觉得自己必须在孩子面前树立威信。实际上，你刻意令自己有威信的过程，可能会让孩子反感，你越压制他，他越想反抗，更加不容易改正身上的缺点。

与其这样，不如与孩子像朋友一般相处，以免他产生逆反心理，父母的态度平和了，孩子才会将心里话告诉你，你先要弄清楚孩子为什么很难改正缺点，再和他一起想办法，多做一些尝试，就会得到更好的效果。

第十招：鼓励孩子“量力而为”。

虽然父母很高兴能看到孩子的进步，但不要有过高的要求，以免他们在短时间里难以接受，不妨鼓励孩子“量力而为”，他们才有精力注重做事的质量。

例如，你的孩子是个“大马虎”，尤其是写作业的时候，总是出现很多小错误，你可以建议孩子慢点写，这样他就有更充分的思考时间。等到好习惯养成，再加快做题速度。

第十一招：告诉孩子“你能行”。

积极的心理暗示，能够帮助孩子找回自信。对于他们来说，身边最亲近的人给自己鼓励，比其他人的肯定更加重要，所以要常常对孩子说，“你真棒”，“你能行”。

我认识一位朋友，他就经常用语言鼓励孩子，所以他的儿子看上去很自信。他总是说：“儿子，你真棒！”“你今天又超过爸爸了！”我每次看到他的孩子的时候，孩子都是一副精力充沛的样子。朋友说：“信心对孩子来说很重要，就算他有缺点，也能很快改正，因为他始终很相信自己。”

可见，用适当的方法让孩子了解自己的缺点，是进行改正的前提。这个过程中，父母要保护好孩子的自尊心，知道什么时候该鼓励，什么时候该批评，凡事把握好“度”，就能为他们营造良好的成长环境。

培养孩子的语言能力

不少父母把“语言能力”当成简单的“说话能力”。实际上，语言能力作为一个系统，包含了“说话能力”这一项，随着孩子年龄的增长，他们的语言能力也在不断提高。

对于0～3岁的孩子，要让他们发出模糊的声音，从“只会哭”到“牙牙学语”，是一次了不起的跨越；3～7岁的孩子，就应当有较为清晰的表达，但基本上没什么“深度”，就是把看到什么、听到什么、想到什么说出来而已；7～12岁是成长发育的黄金期，孩子的语言能力进一步提升，能够表达出思想，并开始思考：我要如何说，对方才能听明白；12岁以上的孩子，语言能力又有很大进步，开始运用“语言艺术”了，尤其是阅读较为广泛的孩子，能把话说得“头头是道”。

不要认为孩子的语言能力是天生的，研究表明，重视孩子语言能力培养的家庭，更容易教出优秀的后代。从孩子的说话方式中，能觉察出他的思维方式，那么，我们是否能得出这样的结论：孩子语言能力的提升，有助于他们建立更完善的思维模式？

小军是一名初三学生，当其他孩子正为升学烦恼的时候，他已经收到了某重点高中的录取通知。当记者去采访他的时候，很惊讶于他的语言能力，他说话不仅非常有条理，还特别注意重点部分的表述，连记者都说："和小军交流，我要先做好功课。"

对于这一点，小军的父母最有发言权："从他开始学说话的那一刻起，我们就很注重语言能力的培养，人们通常认为，三句话能看出一个人的水平。"

小军的父母从小鼓励他要"敢于表达"，哪怕看到了一株植物，孩子的心里都会有想说的话。随着年纪的增长，父母开始注重孩子能否将重点要素表达出来，而不是"围绕一个中心说话，却怎么也说不到重点"。

小军回忆，从小到大，父母都会鼓励自己将所见所闻说出来，错了不要紧，先说出来，父母再告诉他哪些地方不够妥当，应该怎么说。他记得父母对自己的第一个要求就是：大声说话。

与其他父母不同，小军的父母爱问"为什么"。当很多孩子用简单的"好"、"坏"、"喜欢"、"讨厌"描述某件事物的时候，他们会要求孩子说出原因：为什么喜欢？为什么觉得好？当小军能达到这个要求后，他们又要求孩子有条理地说话，父母曾对小军说："你想表达哪些想法，先在心里打个草稿，说话要由浅入深，把方方面面的事情都表达清楚，而不是东一句西一句，听者会糊涂。"

在这样的教育下，小军的语言能力渐渐凸显出来，原因在于他能够保持清晰的思路，正因为如此，他在做其他事情的时候，也能表现得很有条理，可以抓住重点。

可见，培养孩子语言能力的同时，他们的思维水平也在不断提高，两者存在相互促进的作用。

很多父母觉得我说得有道理，于是纷纷回家训练孩子的"说话本领"

去了。一段时间后，又过来对我说“没什么效果”。

想要达成这个目的，父母必须遵循一定规律，培养语言能力不是一朝一夕的事情。

首先，你要鼓励孩子勇敢地“说”。即便你告诉他再多的语言技巧，孩子不愿意开口，一切都是白忙活。所以，尽量先让他将心中所想表达出来，切忌打断孩子的话，或是全盘否定他的想法。

当孩子开始说话，父母的角色应当是倾听者，让孩子感受到有人在听他说，这比口头表扬更让人觉得欣慰。

孩子对于某件事物的描述可能不全面，父母不要过于急躁，而是多让孩子想一想，看是否还有需要补充的地方，多鼓励他，不应责备孩子。

其次，教会孩子“有技巧”地说。语言是一门艺术，孩子掌握得越多，对他今后的发展越有利。说话尽量保持简练，少说与主题无关的话，注意说话的条理性，这是比较基本的要求，如果孩子很难做到这些，不妨让他们对所要说的句子进行“编号”。例如，他想表达对某件事情的看法，可以这样说：“第一，我认为……第二，我认为……”养成习惯后，孩子在说话前，就会将“要点”进行归类，便容易做到说话有条理了。

但是，光做到这些还不够，如果孩子所说的话，让人觉得很“动听”，就最好不过了。平日里，父母要督促孩子多阅读，才能掌握丰富的词汇量，不能总是用“好”、“坏”、“多”、“少”来形容事物，要做到具体描述。例如，孩子旅游归来，向大家讲述见闻的时候，可以用直白的方式，告诉大家他看到了什么，听见了什么，品尝了哪些美味；也可以用更生动的语言描述，天空像什么，水的声音像什么，当地美食是什么味道……后者会让听众更容易感受到旅途中的美景。

此外，父母应当提醒孩子，说话要分清场合，尤其是在和长辈说话的时候，要用敬语，过于私密或是与主题不搭的话，尽量不要大声说出来，以免影响气氛。值得一提的是，不少孩子受不良习气的“传染”，说话带脏字，这是非常不好的习惯，一旦发现，父母要立即纠正。

培养孩子的语言能力，是帮助他们成为优秀者的重要步骤，敢于表达自己的人，大多很有主见，所以要学会“大声说话”。想要让倾听者愿意听孩子说，就需要训练他们的说话技巧，做到言简意赅、娓娓道来。

不要把爱变成自私

越来越多的人说：“现在的孩子，都太自私了。”

也难怪，几乎每家每户就一个孩子，有什么好东西，父母肯定都留给他，以至于孩子看到的东西都是“好的”，并且都“想要”。时间久了，他们就会习惯将喜欢的东西占为己有，很少有父母会说：“这是不对的。”因为，你早已默认两点：一是，要把“最好的”留给孩子；二是，只要孩子“喜欢的”都可以要。

然而，父母似乎没有意识到，“爱”并不等于“私”。如果一个人要将所有喜欢的东西都变成自己的，他的心理一定很狭隘，你难道希望自己的孩子成为这样的人吗？

我们不妨看看这位父母是如何做的：

某天，高女士带着儿子去商场选玩具，一圈转下来，儿子只对某柜台的一个动物公仔感兴趣，她决定带孩子返回那个柜台，将玩具买下来。

几乎在同一时间，一对父女也走过来，只听女孩说："爸爸，我想要这个娃娃。"男子正要伸手去拿，男孩不同意了："这是我的，我早就选中了。"

高女士见儿子不依，便对他说："小孩子不能没礼貌，快向叔叔道歉。"儿子很不情愿地说了声"对不起"，眼睛还盯着那个玩具，高女士问售货员："能不能再拿一个？"对方表示这款玩具，店里只剩一个了，听到这里，儿子更不依了……

高女士将孩子带到一边，说："妈妈知道你很喜欢它，但是那个小妹妹也很喜欢，人家还比你小呢，作为大哥哥，为什么不能让给妹妹呢？"

儿子说他就喜欢这个玩具，整个商场都看了一遍，他就是喜欢这个！

高女士又说："难道你要将所有喜欢的东西都带回家吗？喜欢是一种感情，但并不代表就必须成为你的，过一段时间，如果你不喜欢它了怎么办？它又不能再回到小妹妹身边。"

儿子不说话，高女士继续鼓励他："这样吧，我们把娃娃让给妹妹，你去和娃娃告个别，或者征得妹妹的允许，和娃娃玩一会儿，妈妈带你去看电影。"

儿子点点头，很乖巧地向小女孩走去……

这位父母帮助孩子分清"爱"和"私"的区别，避免他将两者混为一谈，这种做法值得很多父母借鉴。

在不少孩子看来，喜欢的东西就是自己的，别人应当无条件答应他们的要求，一旦出现这样的问题，父母要及时纠正，以免孩子的人生观出现偏差。

例如，你带孩子去朋友家做客，他很喜欢某样东西，想要带回家，朋友多半会说："喜欢就拿去吧。"加深了孩子的占有欲。这时候，你不能因为害怕孩子会哭闹就默认他的行为，而应当果断说"不"，如果孩子不同意，你可以用分散注意力的方式缓解他的情绪。

父母能坚决说"不"是非常关键的，纵容只会令孩子的愿望越来越难实现，你难道要等到孩子"想摘星星"的时候，再去纠正吗？

你是否注意到，高女士在儿子同意将玩具让给别人的情况下，用"看电影"的方式予以奖励，帮助孩子恢复情绪？

这种做法有两个目的：第一，当时的情况下，孩子多少有些负面情绪，如果不能及时得到化解，很容易陷入心理误区；第二，适当给予小小的奖励，让孩子感受到什么是"给予豁达者的回报"，有助于他们肯定这种观念。

值得一提是，父母不能矫枉过正，令孩子以为自己无法拥有一切东西，这样一来，他们便不去争取，养成了消极的世界观。

所以说，父母要辨明孩子的要求是否合理，如果是合理的，就要鼓励他们去争取，如果是无理的，就应当及时制止。

例如，孩子喜欢某个玩具，你可以借此督促他："如果你按时完成作业，就可以得到这个玩具。"听到这里，孩子会马上开始写作业，这是在"争取"。

假如孩子说："要是我考了满分，能不能让某某小朋友把他的篮球送我的。"这就是"无理"的要求，因为孩子在"夺人所爱"。

此外，父母还应当注意自己的用词，如"你喜欢就拿去"、"只要是你喜欢的，妈妈都可以给你"等，这会在不知不觉中，让孩子形成错误的价值观，将"爱"和"私"画上等号。

独生子女家庭还面临这样的困惑：如何让孩子学会分享，而不是把所有喜欢的东西占为己有。

父母可以从身边的小事入手。例如，有好吃的、好玩的东西，邀请父母、好朋友和他一起吃、玩，哪怕只是看到了一则小故事，也可以讲出来和家人分享。“分享”不在乎东西的大小多少，而是要让孩子有意识，越好的东西越不能独占。

在孩子成长的过程中，父母会给予全部的爱，但不能让这份爱成为负担，而是要引导孩子用轻松的心态生活。他们越想拥有更多，心里的压力就越大，想要避免这种情况的发生，就必须让孩子学会“放弃”，不要用不正确的方式索取“喜欢的东西”。

犯错要及时纠正

现如今，大多数家庭都只有一个孩子，在全家人都把他当成宝贝的情况下，很容易被当成“溺爱对象”，就算犯了错，也有可能不及时纠正，只是说说孩子，敷衍了事罢了，这往往会造成很严重的后果。

父母总是说：“孩子小，不懂事，长大就好了。”我不禁要问：“难道无人教他，他也能明辨是非吗？”父母又说：“教了呀，我和他说这是不对的，总不能打他骂他吧。”我无奈地摇摇头：“你并没有及时纠正孩子的错误。”

来看一则案例：

小 P 与丈夫共同养育了一个儿子，每次说起，她都带着一种不可名状的感情，太幸福是因为有个儿子，太感伤是因为结婚多年后，她终于有孩子了。

面对“姗姗来迟”的儿子，全家人疼爱的不得了，就算孩子犯了错，他们也认为孩子小，不懂事，说说就行了，很少指出孩子的错误，也没有及时纠正。

有几次孩子见家里无人，他又想出去买东西，便从母亲的钱包里，拿了几块钱，久而久之成了习惯，加上父母都没说什么，儿子就以为可以这样做。

某一天，小 P 接到老师的电话，让她去一趟学校，说孩子偷偷从同学的钱包里，拿了二十块钱，这让小 P 顿时傻了……

当孩子还没有明辨是非的能力时，就需要父母告诉他应当如何做，不能总以“孩子太小”为借口，以免他将来犯更大的错误。

在这个过程中，父母要讲究方式方法，要让孩子真正意识到，自己的行为是不对的，会伤害别人，也不被道德规范所允许。父母需要“纠正”的，不仅仅是孩子的言行，更重要的是“纠正”他内心的不正确思想。

例如，你带孩子去朋友家做客，他并没有主动和长辈打招呼，说明孩子不懂得尊重别人。你需要告诉他：人与人之间的尊重是互相的，只有在你对别人表示尊重的时候，别人才会尊重你。孩子是否和长辈打招呼，是一种外在表现形式，父母除了要规范他的具体行为外，还要让孩子理解这样做的原因，等到他们有所领悟，即便父母不在身边，也能做得很好。

所谓“及时纠正孩子的错误”，是要求父母在孩子还没有形成“根深蒂固”的错误观念时，要将正确的理念传达给孩子，但并不代表你可以在任何时间、任何地点教育他，以免出现相反的效果。

我常对学员说："要给孩子留面子，在孩子有自我意识后，自尊心就已经形成了。"既然孩子要面子，就不能在大庭广众下进行说教，而要选择适合的时间、地点。

胡适先生在回忆起母亲的时候，说过这样一段话："每天早晨，母亲会坐在我的床边，告诉我前一天有哪些地方做得不妥当，很少责备，而是用温柔的语气和说话，我很快就能接受，下次再做同样的事情，我就会特别注意。"

可见，在正确的时间进行教育，会起到事半功倍的效果。例如，你带孩子去公园散步，发现他刻意踩踏花草，此时身边还有其他游客，该怎么办？你可以先制止孩子的行为，等到回家之后，再进行教育，既给孩子留了面子，同时让他知道这么做是不对的。

我发现一个现象：不少父母明知道孩子犯了错，不仅没有制止，反而给予肯定的态度。这种做法是极其不可取的，父母有辨别是非的能力，知道这样做不对，可能这种错误不会发生在自己身上，只是觉得孩子这样做"很好玩"，所以没有给予纠正。但父母忽视了一点，孩子并不知道不能这么做，父母不制止，他们就以为自己是对的，长久下去，错误观念就在孩子的思想中根深蒂固了。

"父母"是"责任"的代名词，孩子就像一张白纸，想要画出优秀的作品，就必须关注他们生活中的点点滴滴，该理性的时候，就不能过于感性，正确对待孩子的错误，将他们不正确的想法消灭在萌芽阶段。

还有，很多父母认为：孩子犯小错可以不闻不问，犯了大错就必须严加批评。这就让很多家庭陷入教育误区，不注意孩子所犯的微小错误，甚至一笑了之，导致孩子养成了很多不良习惯。

微小错误的发生，经常是因为孩子的做事态度出现了问题，不及时加以纠正，就会令孩子的价值观出现偏差。

古语说："勿以恶小而为之，勿以善小而不为。"你可以通过一些形象的小故事，促使孩子形成正确的价值观，要积极做"善事"，不论事情大或是小；同时要辨明"恶事"，哪怕再小也不要去做。

父母要在此方面保持警惕性，一旦发现孩子的言行存在错误，就要及时制止，千万不能因事情的大小，而决定是否去纠正，忽视正面教育的结果，就是纵容孩子从"犯小错"变成"犯大错"，逐渐发展到一发不可收。

所以说，父母一定要告诫孩子，小问题也要及时改正，以免酿成大祸，防微杜渐是非常重要的。

当孩子犯了"小错"，不涉及原则的时候，父母应当用"宽容"的方式解决，给予适当的谅解，避免因过于"上纲上线"而把孩子推向实质性犯错的道路。所以说，对待犯错的孩子，父母要做到就事论事，不能用夸大事实的方法吓唬孩子，以免加重事态的严重性。

有些父母在教育孩子的时候，喜欢"拔起萝卜带着泥"。通过一件小事，会牵出孩子的一大堆毛病，甚至有些错误是很久之前发生的。面对父母无休止的数落，孩子会觉得自己一无是处，就容易产生自卑心理，对自己不再抱有希望，变成了"破罐子破摔"。

总之，当父母发现孩子犯了错，就要及时用适当的方法处理，令孩子意识到，自己的行为是不正确的，他们不能做"特立独行"的人，必须"守规矩"，才能受到别人的尊重。

教育孩子爱人、宽容、行善

正因为家庭教育对孩子的影响非常大，所以父母除了要培养他们的学习能力，还得帮孩子营造良好的心理环境，形成健全的人格，用宽容的态度面对世界，积极行善，懂得付出。

教育有两种方式：言传和身教，这两方面缺一不可。父母若是没有规范自身行为，就容易出现“上梁不正下梁歪”的情况；若是没有为孩子“答疑解惑”，及时纠正错误，孩子也无法真正领悟“爱”的真谛。

所谓“爱人”，就是要关心别人，理解对方的难处，才能做到设身处地地为别人着想。随着独生子女家庭越来越多，孩子从小便是全家人的掌上明珠，一直接受着来自全家人的关爱。这时候，父母要注意培养他“爱人”的能力，因为付出与回报是相对的，只有当他们学会付出的时候，才能接受完整的爱。

“爱”是创造一切美好事物的情感基础，懂得爱别人，才会有一颗宽容的心，宽容与年龄无关，无论大人还是孩子。

但在现实生活中，很多父母总把孩子当成“小宝宝”，认为他们还小，不懂事，所以更容易得到原谅，这不是“宽容教育”，而是溺爱。

长时间这样做的结果，会令孩子的心胸变得狭隘，认为别人为自己做什么是应该的，却很难对别人产生宽容心。

来看看这位父亲是如何做的：

某天，小Z把儿子叫到身边，说：“我们今天玩个游戏，从现在开始，你是爸爸，我是小朋友，你要带着我玩，还要照顾我。”

儿子顿时睁大眼睛，认为这是个很有意思的游戏，便和爸爸“拉钩”，算达成了共识：游戏开始。

吃饭了，小Z坐在桌子边上，见儿子也一动不动，于是说：“爸爸，你要帮我盛饭呀。”儿子恍然大悟，马上去盛了全家人的饭。席间，小Z要求儿子不断为自己夹菜，弄得儿子有点不耐烦，但想到已经约定好玩这个游戏，孩子只得“照顾”着爸爸。

对于儿子来说，这顿饭吃得有些“累”，加上带爸爸去楼下散步，儿子刚回到家，便觉得困了。

这时候，小Z却开始“耍赖”，他不愿意睡觉，非缠着儿子给他讲故事，还要陪他玩，儿子终于忍不住了，大声说：“我要睡觉!”小Z说：“你平时就这样缠着爸爸妈妈的呀，更何况你今天还没有去上班。”

儿子不说话了……从此之后，儿子渐渐明白父母的不易，会经常关心父母，“闹腾”的次数也减少了。

父母一味纵容孩子，并不能为他们提供良好的成长环境，反而造成他们性格上的缺失，能够保持宽容之心的人，内心更加平静、豁达。这种美德需要从小培养，才是真正“不让孩子输在起跑线上”。

此外，行善同样是孩子需要学会的美德。你可以告诉他：“人与人之间的关爱是互相的，当你积极行善的时候，也在为自己积累人缘，并且行善的过程是令人愉悦的，这些都必须在你亲身经历的时候，才能体会到。”

父母的鼓励，能够给孩子源源不断的动力，当你将“行善”描绘得非常美好，孩子就会对此产生向往，所以说，父母要帮助孩子迈出行善的第一步。

行善不是一个偶然的举动，而应当成为每个人生活的一部分，也不要将“行善”简单地当成“捐款捐物”，它是一个系统，任何善意的事情，都可以去做。

所以说，“行善教育”可以在任何时候进行。例如，告诉孩子不要伤害小动物；从零花钱中拿出一部分，捐给慈善机构；去敬老院看望爷爷奶奶等，意在让孩子保持一颗善良的心，并尽自己所能帮助别人。

父母总希望孩子能幸福地生活，但真正的幸福并不是一味索取，当孩子学会付出，他们就能感受到更多关爱，并保持良好的心态。